今夜から! 口説き大王

彼女にイエスと言わせる心理テクニック

櫻井秀勲

きずな出版

はじめに――女性が求めているものを見抜け！

たとえば休み明けに、休み中のことを、まわりの女性に話してみよう。

それだけで、「心の玄関を開けている男」と、好意的に見てくれる。口説きの成功率は、この自己開示率に比例する。女性から話しかけやすい男に変身しよう。

新しい年を迎えたら、あるいは、転職したり、部署が変わるなど、環境的に彼女との関係が変わったら、これまで口説いてもダメだった彼女に、もう一度アタックしてみよう。不思議なことに、二人のあいだに変化が生まれたことで、彼女の気分が変わることがある。むしろ喜んで応じてくれるかもしれない。さあ勇気を出して、声をかけてみよう。

ことに年の始めは、誰でも感傷的になっている。それは古い友人たちの近況を知って、意識しているしていないにかかわらず、焦《あせ》りが出ているからだ。そこでキミも、率直《そっちょく》に心の焦りを訴えよう。思いがけない共感が生まれて、口説く以上の効果をもたらすかもしれない。

女性がおしゃれしているときには、口説くチャンスと心得よう。なぜなら、素敵な自分を見てほしいという気持ちと、下には、もっと素敵な自分がいるわよ、ということを暗示しているからだ。その証拠に、そういうときには下着も凝《こ》っていることが多いものだ。

「明るくてさっぱりしている」

「一人で放っておいても大丈夫」

「わがままをいわない」

——これこそ、男が求める究極の女性像だ。このうち、最低でも、一つはもっている女性を見つけて口説ければ、キミはこの世で最高に幸せな男になれる。

しかし、だからといって、そんな女性の前で威張《いば》ったり、上から目線の発言をしてはならない。


女性に対しては、いつも半歩下がる気持ちをもとう。誰にでもその気持ちをもちつづけていれば、女性は初めてその男を信用する。女性が口説かれたい男とは、いつも平等な態度を崩さないタイプである。だからモテる男は、誰にでもモテる。

好きな女性の前では、いい格好をする。そんな男の中で、「自分は朝が弱い」「忘れん坊だ」と、あえて欠点をいってみよう。

そして、「キミのために、この悪いクセを直す」と約束するのだ。
たったそれだけで、女性は、自分のために誓いを立ててくれた男に惚《ほ》れ込む。

お金がなくても、貧乏くさくしてはならない。
フランス料理を食べにいったのに、ワインもとらずに、ビールにするようなことはしてはいけない。そんなことなら、ラーメン一杯でも、おいしい店を探そう。女性をみじめな気分にさせないことが、男の義務であり、女性を口説ける男の条件といえる。

女性は、男に何を求めているのか？
（1）この世の中で、もっとも居心地がいい
（2）満足してニコニコしていられる
（3）安心して熟睡できる
――この3つを自分に与えてくれる男に女性は惚れる。これさえ

あれば、いい女が寄ってくるといっても過言ではない。


きれい、かわいい、美しいというだけで、口説いてもムリだ。

口説ける女性には、そこはかとない色気がある。

口説き上手はそこを見抜くのだ。

からだや首を、甘えたように斜《なな》めにかしげる女性を探してみよう。

これは誘いを待つ姿勢だ。

女性を口説こうと思ったら、まずは、その女性が自分に気があるかどうか、確かめたい。そんなときは、姿勢に注目してみよう。

脚を組むにしても、テーブルの上に置くペットボトルにしても、それらがキミのほうに向いているかが大事なポイントになる。


バカになれる男ほど、女性にモテる。

バカになりきれないうちは、女性にモテることはむずかしい。

なぜなら女性は、バカを演じてまで自分を笑わせてくれる男を愛するからだ。女性を喜ばせる演技の精神を忘れてはいけない。

気に入った女性には、「キミには眠っている能力がある!」といってみよう。彼女が常々いまの仕事に不満をもっているとしたら、たちまち親しくなれるはずだ。「キレイだ」「好きだ」というより気楽だし、効率も驚くほどいい。

タクシーに乗りたがらない女性は、口説きにくい。遊びなれていないからだ。反対に深夜まで遊ぶ女性は、乗りなれている。一緒に乗ったときにリラックスできているかを見抜くだけで、口説くのも、比較的簡単になる。

口説かれなれている女性のほうが口説きやすい、というのは事実だ。それは男にも当てはまる。

口説きなれていない男が、いきなり女性を口説いても、うまくはいかない。

女性を口説くことに、慣れよう。

最初はフラれ続きになるかもしれないが、そんなことにメゲる必要はない。そのうちに、口説けるようになっていく。

さあ、練習のつもりで、女性に気軽に声をかけてみよう。


そのための指南書として、この一冊をキミのために書いてみよう。

女性を口説くのは、楽しいものだ。それは、できるできないとは関係ない。

未知なものを知りたいというのは、人としての本能であり、喜びである。口説くとは、その「未知なもの」に挑《いど》むということでもある。キミの健闘を心から祈る。

目次

第2章

初対面で女心をつかむチャンス

第3章
彼女の心を自分に向けるテクニック

第4章
人相、しぐさからわかる口説ける女性

第5章
彼女が待てなくなる誘い方

第6章
彼女との距離を縮める男の習慣

第7章 彼女の「イエス」を自然に引き出す

第8章
女性が惚れたくなる男になれ

第1章
いい女にモテる
男の条件

□女性は「許してくれる男」を求めている

キミはなぜ女優が、医者やテレビディレクターと結婚したがるか、わかりますか？

女性は基本的に〝許してくれる〟男たちを、心の底で求めているからなのです。医者はぜいたくを許してくれます。ディレクターは、わがままを許してくれるでしょう。

お金のぜいたくと、時間や交際のわがままを許してくれる男がいれば、どんな美人でも、向こうからすり寄ってくるのが道理です。

でも女性は一人ひとり、〝許してもらいたいもの〟が違うので、よく見きわめる必要があります。と同時に、キミが女性に〝許してあげられるもの〟は何かを、よく知っておくことです。

私は、つき合っている女性たちに、ほかの男との交際の自由を許しています。これはお金もかからないので、誰でもできる方法です。

しかし、嫉妬深い男には無理でしょう。嫉妬深い自分には無理と思うなら、お金の自由を保証するとか、別件のわがままを許してあげることです。

お金も、時間も、遊びも、ぜいたくもさせないでモテようとする男は、生涯、女性に縁がありません。

要は、男の貧乏根性が、いまの女性にはイヤなのです。〝堅い、汚い、暗い、臭い、怖い〟を5K男といいますが、モテない男の条件でもあります。

彼女がほかの男とつき合うようなら、キミは、もう一人別の女性をつくりなさい。そういう甲斐性のある明るい男に、女性たちは密《ひそ》かに憧れているのですから――。

■ 今夜から使える心理テクニック 001

女性を口説けない男は至極単純だ。口説いたあと、どうなるのか、どうするのか、態度で示してないからだ。女性はなにも結婚を求めているのではない。そのあと、どういう関係を保てるのかがわかれば、彼女の心は決まる。

□ギリギリの線まで焦《じ》らして
モテる男を演出する

ホストクラブで女性客が、大金を貢《みつ》ぐ話をよく耳にします。そんなに、ホストはモテモテなのでしょうか。

たしかにホストのサービスは徹底的です。愛情とやさしさに飢えている女性なら、たちまち舞い上がってしまうかもしれません。

しかし彼らの最大のテクニックは、最後の最後まで、女性と寝ないことです。一見、お金さえ積めばベッドを共にしてくれそうな彼らですが、そうはしないのです。

女性を夢中にさせる秘訣はここです。ギリギリの線で焦らす、あるいは自己抑制しているように見せる——そこに女性は大金を貢ぐほどの魅力を感じるのでしょう。

その上、彼らは二人か三人が組になって、女性客を翻弄《ほんろう》していくのです。たとえば、Aというホストを好きな女性客がいると、Bがわざと邪魔をする、Cがそれを応援するという陣形《じんけい》を組みます。そこでAがその女性客をしっかりと抱きとめるというパターン。あるいは、Aがいかにやさしく、それでいて男らしいか、という作り話を、BとCが交互にするパターン。

いずれにせよ、自分ひとりでモテる男になるのではなく、何人かで演出していく方法を使います。

もしキミが一人でモテる自信がなければ、この手をおすすめします。あまり大きなウソではまずいでしょうが、小さな作文なら許されるでしょう。

私も以前から銀座では、友人とこの方法を使って遊んできました。ホステスのあざむきのテクニックと技を競《きそ》うわけですが、こちらが勝ったときの喜びは、また格別です。ぜひ試してみてください。

■ 今夜から使える心理テクニック 002

男は上品すぎても、下品すぎても嫌われる。女性が憧れるのは、この両方を備えた男なのだ。上品とは、女性を淑女として扱う素敵さであり、下品とは、エッチを十分満足させてくれる楽しさだ。今日から演出しよう。

□一緒にいると楽しい！と思わせる

まず女性に会う前に、爪が伸びていないか、ゴミが入って、黒く汚れていないかを入念にチェックすること。女性は常に触れられることを念頭に置いているので、指先の汚い男を敬遠するものです。

次に初めての女性との会話で「キミはどこの生まれ？　学校はどこ？　お父さん、お母さんは？」などと、戸籍調べをしないこと。モテない男ほど、この種の質問ばかりで、女性をあきれさせるものです。

そんな質問より、自分といたら退屈しないよ、という楽しさ、愉快さ、快適さをアピールすることが大切です。女性は、自分を生まれ変わった別の女にしてくれる男を、待ち望んでいるのです。

最後に、実はこれこそが究極の極意ですが、〝虚像をつくること〟です。

実像は臆病でも、勇気に満ちた虚像を見せなさい。実際はお金がなくても、あるように見せることです。

女性と話すことに自信がなくても、ありそうに振る舞うことです。そうしていくと、ふしぎなことに、キミ自身そうなっていくものなのです。

私自身、〝女の神様〟といわれてから、いつの間にか、本物の自信がついてきました。間違っても、自分を小さく見せてはなりません。これが秘訣です。

□地下のバーより、最上階のバーで口説く

どうしてもモテない典型に、暗くて話し下手な男がいます。いまどきの女子学生やＯＬは笑わせ上手、話し上手が揃っていますから、そうでない男たちは敬遠されて当然です。

■今夜から使える心理テクニック 003

知り合ったら、できるだけ早く「ボクとキミ」と分けないで、「ボクたち二人」といってみよう。その瞬間から、彼女は恋人に変身する。

このままでは、いつまでたってもモテる可能性は限りなくゼロです。そこで櫻井流モテる第1法則の「女性は高いところを好む習性がある」を活用してみましょう。

ふしぎなことに女性は、地下室や低いところでは心を開かないのです。高いところ――つまり、ホテルの最上階のバーや横浜の港が見える丘公園のように、遠くが眼下に見える場所を選ぶこと。そこなら話をする必要もないし、ゲラゲラ笑うには不向きな、ロマンチックな夜景が広がっているわけですから、たとえネクラな男性でも、万事ＯＫなのです。

もう一つ「女性は最初、真正面のものを見る習性がある」という第2法則を使いましょう。髪型、眼鏡、口元、ネクタイ、靴をきちんとしておくと、女性はいい印象をもってくれるのです。暗い性格でもネクタイを派手めにするとか、眼鏡を金縁に変えたら、ずいぶん見栄えが違ってくるもの。

次に、女性は横のものに目を移していくはずです。腕時計、ブレスレット、カフスなどは隣に座ったときに、目ざとく見つけます。そのとき、〝あなたって横顔がステキね〞といわれたら、ＯＫのサインと思っていいでしょう。

自信をもって手を握ること。あとは……キミ次第です。

□女性の前では、あえて上着を脱ぐ

〝白く、まるく、明るく〞という標語は、女性が好きな環境を表わします。白い建物、まるい建物、明るい建物に連れていけば、口説きやすいものです。

この標語は、男にも当てはまります。

スーツの上着を着ている男より、上着を脱いでいる男に、女性の熱い視線が集まるでしょう。なぜか？　ワイシャツの真っ白い色に、女性は胸をトキめかせるからです。

■ 今夜から使える心理テクニック 004

ともかく一番新しい場所に誘ってみよう。ライトアップしたらそこへ、新装開店の店ができたらそこへ。女性は仲間内で目立ちたいし、女王になりたいのだ。だから話題を教えてくれる男からは、絶対離れない。

ヤクザがなぜ白っぽいものを着ているか、秘密はここにあります。まるさというのは、細長い貴公子型よりまるっぽい顔のほうが楽しそうだ、ということなのです。うりざね顔の男性は、なるべく冗談をいうほうがモテるのです。

明るい、というのはいうまでもないでしょう。

ところで〝オオフカシオテサイヤミウオ〟という暗号を知っていますか？　これこそ若い女性にモテる魔法の文字なのです。

お教えしましょう。実は、星座の頭文字の暗記法なのです。「オ」は牡羊座、「オ」は牡牛座、「フ」は双子座と覚えます。最後は魚座です。星座は12。4月から始まり、3月で終わります。

これを覚えておけば、彼女の性格占いも簡単です。

私がモテる秘密の一つは、この文字にあります。女性を喜ばすこういう話題を、必ず用意しておくことです。

□勝負に出るのはアウエーではなく、ホームで

スポーツの試合は、敵陣より自陣でのほうが戦いやすいもの。仕事をするときも、訪問するより、こちらに来てもらったほうが仕事がしやすい経験は誰にもあるでしょう。

男女の間でもこの傾向は見られます。最近の結婚は母系型です。嫁の実家近くに新居をもつ新婚夫婦は非常に多く、増加する一方です。反対に夫の家に同居する女性は少なくなってきています。

このように、女性が生活しやすい状態をつくってあげることが、最後の決定に大きく影響します。デートするにしても、彼女が東京の新宿を起点とする私鉄沿線に住んでいるなら、新宿を選べば彼女はグッとくだけてくるでしょう。つまり〝なわばり〟の中でデートするだけで、親密さが倍増するものなのです。

■今夜から使える心理テクニック 005

最初から知らない場所に連れていっては、警戒される。最初のデートは、彼女の土地カンのあるところのほうが、早くリラックスさせることができる。

それを、

「ボクの知っている○○へ行こう」

などと、最初のデートから自分のなわばりに引っ張っていこうとすると、彼女の心の中に、明らかに拒否の信号がともることになります。これが明暗を分けるのです。

□相手を肯定して、気を合わせていく

俗に〝ウマが合う〟〝気が合う〟という表現があります。別のいい方をすれば〝フィーリングが合う〟ということです。モテる男というのは、このフィーリングの合わせ方が絶妙なのです。

話し好きの女性には、熱心に聞き耳をたてるし、無口な女性には、じっと目を見つめる。自分中心ではなく、相手に合わせようと努力します。その努力がまた、女性にはジーンと胸にくるのでしょう。こ

ういう男は、女性に困ることがありません。

キミはいかがですか。あまり得意ではない？

では、こういう手を使ってみましょうか。YES話法といって、相手が「ハイ」と肯定する話題を、最低5つ用意してください。

たとえば「いい天気ですが、少し寒いですね」といえば、そういう天気であれば、相手の女性は必ず「ハイ」というでしょう。

「ピンクのワンピースがお似合いですが、お好きですか？」と聞けば、嫌いなスーツを着ている女性は、まずいませんから、当然「ハイ」とうなずくはずです。「ノー」と否定する材料は、一つも入れないのです。

また、「あの赤ちゃん、かわいいですね」というように、女性が好きな「食べもの、赤ちゃん、ファッション」の話材を入れることです。女性が安心できるよう仕組んであります。

それに、明るい雰囲気の問いかけになっていることです。〝イヤですね〟〝嫌いですか〟などと、気分が滅入る言葉がないことです。

■ 今夜から使える心理テクニック 006

男と女の気が合えば、ホテルに直行することも夢ではない。それほど、気は大切だ。口説く側が気を合わせないで、落とすのはむずかしい。彼女の気分が沈んでいたら、引き立てよう。ウキウキさせれば、こっちのものだ。

こういう話材を5回連続させれば、間違いなく彼女はキミを、フィーリングが合う男と信じるのです。つまり、この話法は相手に合わせているからこそ、いい結果を生むのです。

□彼女が断れない言い訳をつくってあげる

せっかくキスができそうなところまで来ながら、スルリと逃げられてしまう男がよくいるものです。

モテそうでモテない典型的なタイプです。これは、女性に言い訳ができるチャンスを与えないからなのです。

部屋の真ん中でキスするよりも、壁に押しつけてごらんなさい。彼女は抵抗することなく、キスを受け入れるはずです。いわゆる壁ドンです。これは女性に〝壁があるから逃げたくても逃げられなかった〟という、自分自身に対する言い訳を与えたからなのです。

ホテルに泊まりたければ、その前にホテル内のレストランで食事をするのです。〝泊まりたくなかったけど、あのホテルの食事を食べたかったから〟という言い訳ができるでしょう。

ラブホテルに入るときも、車で行けば〝帰れなかった〟となります。となれば、知っている土地のラブホテルより、見知らぬ土地のほうが〝一人で帰れないわ〟という、言い訳が成り立ちます。

「ボクの書類預ってくれる？　酔って忘れちゃうとまずいから」

こう彼女にいうとしましょう。たったこれだけで、もう彼女はキミのものです。なぜなら〝このカバンもって一人で帰っちゃ、彼が困るから〟という心理に、彼女がなるからなのです。

□まわりに女性をおくことで彼女の関心を引く

モテる男とモテない男との差は、どこにあるのでしょうか。ズバ

■ 今夜から使える心理テクニック 007

「ちょっとお酒飲むくらいなら、いいだろう」の誘いに応じやすいタイプは、常々「家庭での主導権は私がもっている」と話している人妻だという。その強気が、断りにくくしてしまうのだ。狙い目だ。

りいえば、モテる男は、自分に興味をもってくれそうもない女性は敬遠し、自分をチヤホヤしてくれる女性を身近に置くだけの話です。

つまり、その見分け方が絶妙だといっていいでしょう。だから、モテる男の周りは美人だらけかというと、そうではありません。

女性は、チヤホヤされている男がいると、必ず好奇心を起こします。話がおもしろいのか、情報が新鮮なのか、ともかく側に行きたがります。

私も実はその一人で、いつでも何人かの女性が、私の周りを取り囲んでいます。しかしこれには、条件が一つあります。どんなときでも、女性を絶やさないことです。

女っ気がなくなると、好奇心をもっている女性たちでも、逃げていってしまうのです。ここがおもしろいところで、誰でもいいから〝つなぎの女性〟を置いておくことです。仕事上でも同期の仲間でも、誰でもいいのです。

モテない男というのは、周囲が淋しいのです。女性は、淋しい一軒家を訪ねようとはしないでしょう。いつでも、にぎやかな家を訪問したがります。

モテようとしたら、年上、年下関係なく、まず一人とつき合うこと。ついで、もう一人か二人、女性と友だちになることです。もうおわかりでしょう。この女性たちは、友釣りの餌《えさ》なのです。パーティ・飲み会が多い年末年始などは、最高のチャンス。自信をもって、この餌で、本命を釣り上げてください。

□女性に伝わりやすい「胸から下に響く言葉」を使う

女性に好かれる男は、けっして難しい会話や言葉を使いません。これは女性は文字というものを、漢字で思い浮かべる習慣がないからなのです。

たとえば、「共産党は大躍進だね」といったとします。男なら、す

■ 今夜から使える心理テクニック 008

商店は奥の商品はきちんと整理されているが、店先は雑多でにぎやかなほうが、よく売れる。男も女も同じ。たとえ知性があっても、それは一旦隠して、明るい笑顔と、にぎやかな声を出したほうが、よくモテる。

ぐその文字を漢字で理解しますが、女性は〝ダイヤクシン〟とカタカナで理解するのです。当然、女性には「ダイヤクシン」とは薬の名前か何かに思われて、一瞬、理解不能となるのです。

つまり、女性は頭で理解するよりも、胸から下でわかろうとする生き物なのです。ここが男より本能が鋭いといわれる理由です。

「ボクの家は駅から2キロぐらいあるんだ」といわれても、女性はピンときません。「ボクの家は駅から歩くと15分ぐらいだ」といえば、バッチリです。

〝20パーセント〟というより〝100人中20人〟、〝1986年の3月〟というより〝何十年前の3月〟といったほうが、女性にはピンとくるのです。

もっといえば、〝家屋〟より〝家〟、〝室内〟より〝部屋〟、〝事務所〟より〝オフィス〟、〝会社員〟より〝ビジネスマン〟のほうが、グッとやさしく柔らかくなるでしょう。

私の話に女性が夢中になるのも、内容のおもしろさよりも、話のわかりやすさに惹かれるからなのです。

ビートたけしや明石家さんまのしゃべりに女性が笑いこけるのも、同じ理由です。モテる男になるためには、こういうやさしい会話、わかりやすい表現を身につけることが大切。

女性が笑ってくれたら、キミはモテる有資格者です！

□季節の変わり目には彼女のファッションをほめる

女性にとって最大のニュースは、選挙でもなければ、女優の離婚でもありません。季節こそもっとも関心を引くニュースなのです。

冬の寒さが厳しいと、いつからコートを脱げるかという、春の便りが気になるのです。ですから、毎日の天気予報、長期予報はバカになりません。

ここからモテる男は考えなければなりません。彼女との会話の中

■ 今夜から使える心理テクニック 009

敬語の使い方を勉強しよう。ふだん使いの会話ばかりしていると、いい女性は逃げていく。尊敬できる男が欲しい、というより、もっと現実的だ。敬語を使う男は出世株だからだ。

に必ず、季節の話題を入れ、その季節が終わり、次の季節がいつ来るかを希望を交えながら、しゃべっていくのです。

「今年は寒かったから、スキーがよかったろうね」とか、「もう春一番が吹いたから、そろそろコートが脱げるなァ」などと話しかけてごらんなさい。

女性はその中の〝スキー〟〝春一番〟〝コート〟などのキーワードによって、興奮してくるのです。ロマンチックな空想にふける、といってもいいでしょう。現実から夢の世界へ引き込んでくれる男こそ、彼女が待ち望んでいる男なのです。

間違っても、夢の世界から現実へ引き戻してはいけません。そんな男は捨てられるのがオチです。

そして、その季節の変わり目の彼女のファッションを、徹底的にほめるのです。「コートを脱いだらイキイキしたね」とか「セーターが目にまぶしいな」など、最大限の賛辞を与えましょう。

女性は、変わった日の自分に気づいてくれる男に惚れ込むのです。

髪型でも香水でも、変えたその日にほめること。

□彼女を感動させる、その瞬間を積み重ねる

かなり前の話になりますが、ある歌手が人気絶頂の頃のことです。彼は一人の女性と待ち合わせをしました。女性のほうは彼のプレイボーイぶりを知っていたので、あまり気が進まず、40分ぐらい遅れていったのですが、彼は冷えたコーヒーをひと口も飲まずに、じっと待っていたそうです。

思わず彼女は「ごめんなさい」といってしまいました。彼が、自分のことをそこまで思ってくれていたことに感動したのです。

「そんな見えすいたことで女性はだまされるのか」とキミは思うかもしれませんが、それとわかっていても、なお感動させる――これが女性にモテる真髄です。女誑《たら》しの異名をとる芸能人たちは、ほと

■ 今夜から使える心理テクニック 010

未知の話、異界の話をしよう。前世の話には、女性は特に感動する。互いに前世の縁が強く結ばれていれば、今日すぐにでも、結ばれる。

んどこの手を使います。

　時間より早めに行って、淋しい横顔を女性に見せる――心憎いテクニックです。母性本能を刺激する、正統派の方法ですが、大人の女性には「最高の魅力」として受けとられます。

　でも、いまの若い女子学生やＯＬにはこの手は古すぎます。最新でいうならば、マージャン屋でしょう。面接でマージャンをさせる企業がふえてきたことで、女子学生も興味をもちはじめたからです。

　要は、行動や遊びがダイナミックだ、というポイントを記憶させるのです。世間には几帳面な男が多く、カフェで待ち合わせして、映画に行き、そのあと食事をして、という毎度おなじみコースの定食ばかり食べさせられて、ウンザリしている女性がワンサといるのです。

　彼女たちは、おもしろい経験を待ち望んでいるのです。デートは、距離と時間を越えられる男としたい――この彼女の願いを、キミがかなえさせてあげれば、その晩はバッチリでしょう。

□店選びに迷ったらイタリアンに連れていく

初めてデートに誘った日に、何を食べるか？　これは難問です。フランス料理にワインでは肩が凝るし、第一、マナーまで見られてしまいます。

そんなとき知っておきたいのは、一般的な女性の好みです。

まず、日本そば、ラーメン、パスタなど、ヌードル類の好きな順位を知っておくこと。キミにはおわかりでしょうか？　パスタが第1位で、日本そばは最下位です。

なぜでしょうか？　女性がイタリアンを好むのは、「血の出る食べものを好まない」ということがあります。

イタリアンに多く使われるイカ、タコ、エビ、貝などは、魚と違って血が出ません。こういう種類の具が入っているフランス、イ

■今夜から使える心理テクニック 011

意外性が、女性の好奇心を誘うことがある。服装をガラッと変えたり、デートの場所を最高か最低に変えたり、ときには、付けひげをしてもおもしろい。この男はアブナイと思わせれば、意外にいい女が釣れる。

タリア、あるいはエスニック料理が女性に人気があるのは、この理由からなのです。生卵は血がまじることがあるからイヤ。でも卵焼き、オムレツは大好き、というのも同じ理屈です。

また、女性は一皿盛りより、あとからあとから何皿も出てくる料理を好みます。懐石料理、ヌーベルキュイジーヌを喜びます。

料理がかわいい、皿が美しい、次に何が出てくるかドキドキ——この3つのポイントで、彼女の心が動くのです。

でも、もしも彼女と結婚したいと思うようになったら、自分はあくまでも一皿盛りが好き、で通すほうが無難です。

なぜなら女性がこの人と結婚してもいい、と思いはじめると、たくさんの料理をつくらせられたら大変、後片付けが面倒と、とたんに現実的になるからです。

□レストランでは彼女と並ぶ席を選ぶ

女性は触れることで、グッと親しさを増す性質があります。肩でもヒザでも、手のひらでも、キミが彼女のどこかに触れられたら、もうシメたもの。でも、初めて会ったその日に、そんな図々しいことはできません。

しかし、それではチャンスを逃がしてしまうことになります。カフェ、レストランに入ったら、必ず横に並べる席を選ぶのです。公園のベンチだって構いません。

向かい合って座ったら、彼女に触れるチャンスはゼロでしょう。しかし、横に座れば、ヒザがくっつくこともありますし、お互い手相を見せ合うこともできるのです。

そうです、モテるためには手相も日頃から研究しておくのです。私

■ 今夜から使える心理テクニック 012

女性は一般的に横文字に弱い。最初のデートでは、日本文字の食べ物屋に行くより、横文字のレストランに連れていくほうが、はるかに喜ぶ。そこでワインも選べたら最高だ。もちろん席は奥まった隅がいい。

はそのために、何冊も占いの本を読みあさったものです。

チャンスはこうしてつくるのです。また女性のからだは、左側は非日常性ゾーンのため、くすぐったがるものです。乳房も左のほうが誰でもグッと敏感なものです。同じように手も耳も、左側を攻撃の的とするほうが陥落《かんらく》させやすいのです。

だから、女性を左に置き、男の左手を女性の背後から抱くように、左側の脇腹に当てる歩き方が、女性をうっとりさせます。

まずデートに行く前に、横に並んで座れるレストランやバーを知っておくこと。そしてできれば、左手や左耳に触れられる理由や動機をつくることです。

□自分の財布を彼女に渡して支払いをさせる

初めての女性と食事に行く。おいしい料理を食べて支払いを済ま

せ、さあどこかムードのあるところへ連れていこうとすると、

「ごちそうさま。おいしかったわァ。じゃ私、これで失礼します」

女性はさっさと一人でタクシーに乗りこんで、バイバイ。これを呆然と見送ったことがありませんか。

こんなとき、とても残念に思うのです。なぜ、こんないいチャンスをモノにできなかったのかと。

料理を食べて支払うとき、自分でしないで、彼女に財布を渡してみたらどうなるでしょう。キミは〝これで払っておいて〟と彼女に頼んで、トイレにでも行ってください。トイレから帰ってきたらどうなるか？

彼女はもうキミにグッと近づいているのです。えっ、そんなバカなことがあるかって？　試《こころ》みにやってごらんなさい。ただし、財布の中身はたっぷり入れておくことです。夢々、疑ってはいけません。

■今夜から使える心理テクニック 013

女性は真正面から顔を見られるのを、いやがる人が多い。それを知って、合コンなどでは、狙いをつけた彼女の、横顔が見える位置に座ろう。

□モテる男は、いい女とつき合う

彼女の誕生日に、思いきって指輪をプレゼント。

「こんなに高価なプレゼント、ものすごくうれしいけど、大丈夫？」

こういうやさしい心遣いを示す女性は、男に愛情を抱いている証拠です。別に指輪でなくとも、コンサートのS席のチケットでも、花束でも同じこと。

財布の中身まで心配してくれるのは、とりも直さず〝二人一緒〟という考え方が、彼女の頭にあるからです。男を他人視していないといってもいいでしょう。

それとは逆に、豪華な食事や劇場に連れていっても、ただ単に、

「うわあ、すごい。ステキねえ」

だけを連発する女性は、口説こうとしてもうまくいきません。

彼女が素敵だと思っているのは、そこに連れていってくれた男性ではなく、食事や劇場だからです。

モテる男は、そういう女性には近づきません。

モテる男が、そうでない男と大きく違うのは、女性なら誰でもいいというものではない、というところではないでしょうか。

□その日の彼女の服装・髪型を手帳にメモしておく

私の手帳には、会った女性の名前のところに「(ロ)」とか「(ホ)」という記号が書かれています。実はこれも、モテる秘密記号なのです。

タネを明かしましょう。「(ロ)」というのはロングヘア、「(ホ)」というのは服装がホワイト、つまり白っぽいドレスを表わしているのです。

■ **今夜から使える心理テクニック 014**

恋愛は薄いグラスに似ている。いい加減につかんだり、強く握りすぎれば、割れてしまう。加減というものを知れば、いくらでもいい女と愛を交わせる。経験で学ぼう。

女性が何よりもうれしいのは、男性の自分に対する関心です。一度会ってから3ヵ月後に、再び会う機会があったとしましょう。普通の男は、

「やあ、しばらく。もっと早く会いたかったなァ」

せいぜいこのくらいです。ところが私は、

「この前会ったときはロングヘアだったけど、少し短くしたの？ロングもいいけど、ショートはまた一段といいなァ。それに、この間は白いドレスで清楚だったけど、今日のピンクは大胆だね。今日は期待しちゃうな」

どうです、この差！　ここがモテるかどうかのポイントです。女性は自分が、一生懸命おしゃれしたところを覚えていてくれた男性を、好きになってしまう性質があります。

だから髪型とか服の色や型、香水の匂いなどを覚えておくのが、コツなのです。おまけに、半年前、1年前のファッションまで覚えていてくれるというのは、何より自分に対する関心が高いことの証明

ですから。

ただ注意したいところは、なんでも記憶したらいいかというとそうではありません。住所、出身校、両親の名前まで正確に覚えていると、かえって警戒されるのがオチです。

□女性の扱いに慣れている男を演じる

多くの女性は〝この人は女扱いに慣れているな〟と思っても、けっしてイヤな気にはなりません。なぜなら、快《こころよ》いからです。

もちろん〝結婚〟を前提のつき合いだとしたら、あまり慣れているところを見せるのは、禁物でしょう。

ただ単に知り合い、つき合っていきたいというときだったら、下手より上手が勝ります。

「荷物、重そうですから、ボクがもちましょうか」

■ 今夜から使える心理テクニック 015

男が女性をうまく口説くには、真剣になってはいけない。真剣になられては、女性は逃げようがない。笑いとキザな言葉こそ、口説きには必須のものである。

「いえ、結構です」

「遠慮しないで。丈夫だけが取り柄ですから」

このとき〝丈夫だけが取り柄〟というところで、その女性はクスリと笑うでしょう。ここです。女扱いのコツは〝笑わせること〟なのです。

それを、

「そんなこといわずに、私がもってあげますよ」

といったらどうでしょう。〝もってあげる〟と恩着せがましくいわれて、彼女はうれしいでしょうか。

言葉づかいは実に微妙ですが、女扱いに慣れていなくても、彼女を笑わせてしまえばいいのです。

「ボク不器用ですから、握手しても手をきつく握っちゃいますよ」

「ボクは心配症ですから、キミが部屋に入って電気がつくまで、ここで待っています」

「プレゼントの品、店員さんが選んだのじゃなくボクが選んだので、変だったらごめん。先に謝っちゃいます」

こんな言葉は、彼女をクスリと笑わせる効果があるものです。

□女性にどんな夢を与えられるか

よく女性はバカだ、すぐ男にだまされる、という人がいます。たしかに学歴や身なりでごまかされる女性がいます。それも優秀な大学を出ているような女性が、コロリとだまされる。傍らから見れば愚かとしか思えません。

でも本当にそうでしょうか。実は、女性の心の底には〝うまくだまされたい〟という白馬の王子願望があるのです。

人生で一度でもいいから、白馬の王子に迎えに来てほしい、という願いをもっているからといって、女性をバカ呼ばわりすることはできません。

■今夜から使える心理テクニック 016

女性は大げさな表現が好きだ。「百万回愛してるといっても、足りないくらいだよ」といって、喜ばない女性はいない。だから「ウッソー！」と笑わせるような話を持ち出せば、たちまち体をすり寄せてくる。

そこで、自分の目の前に現れる男性の中で、いちばんカッコいい人に、その願望を賭けてしまうのです。

だからだまされたことを悔やむ心より、なぜもっとうまくだましつづけてくれなかったんだ、と思う女性もいるくらいです。

「奥さんがいるのは仕方がない。それを知ってつき合ったんだから。でも、私の前で奥さんの話をしたり、目の前で電話しないでほしい」

こういう女性心理もあるのです。ということは、妻ある身でも新しい女性に接近するチャンスもありますし、けっしてそれ自体、責めることはできないでしょう。

要は夢を見つづけさせるようにすることです。

最初に接近したときの態度や約束ごとを変えないことです。

もっといえば、知り合うきっかけは〝夢を与える〟ことであり、夢を与えつづけることが、きっかけを深めることになるのです。

□彼女と同じ体験をする機会を逃さない

どこからか太鼓の音が聞こえてきます。

「今日はどこかのお祭りかしら？」

彼女が男にそう聞きました。

「へえ、祭りねえ」

ただそう答えただけで、あとは何の反応も示しません。これでは女性にいま一歩、接近することはできません。

「今日はどこかのお祭りかしら？」

彼女がそう聞いたら、間髪を入れず、

「行ってみよう。おもしろそうじゃないか。綿あめ買おう。二人で食べながら屋台を冷やかしてみよう」

そういえたら、もうこの二人は〝できた〟も同然です。

■ **今夜から使える心理テクニック 017**

女性は日によって、不安と不満が交互にやってくる。不安のときは、優しく温かく接することが大切であり、不満のときは、強引に解消してやるほうがいい。この女性心理を理解できれば、いつでもうまくいく。

綿あめを二人で食べながら歩く――というように、〝二人体験〟をした男女は、必ず結ばれます。もしかすると、その晩のうちに深い仲になってしまうかもしれないのです。きっかけや接近法は、随所に転がっていますが、わからない男には、それが見えないのです。

女性と接近できる方法の第一は、二人で同時に体験できるチャンスをつくることです。遊園地で怖い体験をする、クラブで二人で踊って汗をかく、一緒にラーメンを食べる（一人がラーメンで、一人が天津丼ではダメ）など、なんでもいいですから共通の体験をすると、ふしぎなことに心とからだが接近してくるものです。

お祭りなどは、ことに女性がいちばん喜ぶ場ですから、絶好の機会となることでしょう。

□彼女を大人の世界に連れていこう

その女性の家庭環境が男を選ぶ基準になるといわれます。たとえば父親を早くに失った女性は、年上の男に憧れますし、女姉妹だけだと、兄貴分になる男に惹かれます。兄一人だけの兄妹では、弟になるような男を見つけようとするでしょう。

だから、まず家庭環境を知ることが、接近する第一歩となります。同じ職場にいる彼女だったら、それくらいの情報はわけなく入手できるはずです。あとは父親的なタイプとして近づくか、兄貴分のように振る舞うかを考えればいいのです。

父親タイプだとしたら、

「そんなに飲んだらダメじゃないか。今日はこの辺でやめておこう」

こういう説教調は彼女に快く響くでしょうし、兄貴分になるとしたら、

「今日は少し大人の仲間に入れてやるか。スポーツ仲間が行くバーに連れていってやろう、少々荒っぽいぞ」

こう誘えば、彼女の目は輝くに違いありません。

■ 今夜から使える心理テクニック 018

いちばん簡単な方法は、女性が一人では入りにくい店に誘うことだ。鍋料理、焼き肉料理なら、喜んでくるだろう。そこでにんにくを一緒に食べたら、文字通り臭い仲になれる。

女性がよくいう、

「あの人とは気が合わない」

「一緒にいてもつまらない」

こういう言葉は、まず男が、彼女の環境に合わせたつき合い方をしていないときです。

反対に、「あの人といると、なんとなく楽しいの。時間が早くたつような気がして」という場合は、正に気が合っているからなのです。

女性は〝ないものに憧れる生き物〟だと知っておきましょう。

第2章

初対面で女心をつかむチャンス

□これまで知らなかった世界を彼女に見せる

なぜ若い男は外車の左ハンドルに憧れるか、といえば、車に乗ったまま歩道を行く女性に誘いの声をかけやすいからだ、という説があります。

たしかにイタリアなどでは、何百メートルもしつこく、車の窓から顔を出して口説いている男を見かけます。

なかには、オープンカーを使って口説くほうが手っ取り早く、効率がいい、という男たちもいます。

車のような小道具を使って知り合うきっかけを拡げるのは、実にうまい方法です。ヨット、サーフィン、スキー、何によらず、非日常の世界に誘いこむ小道具は、コトを断然有利に運びます。

そうです、ポイントは、日常の生活を断ち切る小道具であれば、なんでもいいのです。

マジックも重要な小道具です。

100円玉が目の前からなくなる、ハンカチが空中に浮く——こんな小道具一つでも、女性と知り合う絶好の付加価値となります。

「今度はキミを目の前から消してみようか」

「ウッソー。そんなことできるわけないじゃない！」

「じゃ、目をつぶってごらん。そして10秒数えると、いまのキミはいなくなっちゃうんだ」

この10秒間で、男は悠々とキスをできるでしょう。まさに10秒前の彼女は消えているのです。

□彼女の好き嫌いをリサーチする

キミは彼女の趣味や、習いごとを知っていますか？　心を崩《くず》すた

■ **今夜から使える心理テクニック 019**

イブにいつも行きつけの店で待ち合わせたら、彼女のご機嫌が斜めだったという。女性は変化のない日常に飽きているので、イブや大晦日、元日など、年に一日しかない特別な日には、目新しいところで、待ち合わせよう。

めには、彼女のあらゆることを知っておいて損はありません。

私の知人で、何を食べに行っても〝うまい、うまい〟といったため、彼女に逃げられた例があります。彼女は日本料理とフランス料理を習っていたのですが、食べものの趣味が合わないと判断されたのです。

逆に料理をつくるのが苦手な女性に、

「ソースはこうでなけりゃ、深い味は出ないよ」

と講釈をぶって、捨てられた男もいるのです。

もうおわかりでしょうが、彼女の趣味や嗜好《しこう》、習いごとを知っておくと、彼女を安心させることができるのです。

料理下手な彼女には、何を食べても〝おいしいね〟といえば、〝この人なら私のつくったものでもおいしく食べてくれるわ〟と安心感を与え、結婚にまで到達するでしょう。

若い女性に、おにぎりをつくらせるテレビ番組を観ていた二人の男が、こういいました。

「なんだ！　おにぎり一つ満足に握れないのか」

「おにぎりなんて握れるわけないじゃないか」

一緒にいた女性たちは、前者の男のあだなを〝オジサン〟とつけて、敬遠したのです。

こういうように、安心感を与える場面はいくらでもあるのです。ことに夏場は〝怖いもの、イヤなもの〟が溢《あふ》れています。繁華街には呼び込み、テレビではスリラー映画、地方に行けば蛇や虫がいっぱいです。

彼女が何が好きで何が嫌いかを事前に知っておけば、チャンスはグッと広がります。

□ほかの女性とは違う女になりたい女心をくすぐる

それまで〝好きだ〟〝愛している〟と、ずっといわれつづけてきた

■ **今夜から使える心理テクニック 020**

(1) 趣味が合う (2) 育ちが似ている (3) 敵と思う人が同じ (4) 考え方がそっくり――この4つのうち、1つでも彼女と一致すれば、心理的距離はぐっと縮まる。2つ以上あれば、もう彼女はキミのものだ。

にもかかわらず、見向きもしなかった女性が、

「すごい！　キミって変わっているね」

の一言で、その彼に参ってしまったという、ウソのようなホントの話があります。

ことに〝美しい〟といわれつづけていると、その種の賛美に感動を覚えなくなり、〝変わっているね〟という、本当に変わっている一言に心を動かされてしまうのでしょう。

一般に女性がファッション、ヘアスタイルに夢中になるのは、他人と同じでありたくない心理の表れといわれ、そういう女性は、

「私って変わっているでしょう?」

と、変わり者であることを、わざわざ他人に確認を求めるという、奇妙な行動をとります。

ことに現代のような広告時代となると、突飛なアイデアや、おもしろ人間がクローズアップされるだけに、普通の人間であることが、むしろ劣等視される傾向があります。

それだけに、女性はお笑い芸人やマスコミ、テレビ局、広告宣伝、デザイン関係に携わる男たちに憧れをもつことになります。

一度ぜひこの言葉を、知り合うきっかけにしてみてください。驚くほど反応があることに気がつくでしょう。ただし、その言葉を口にするときは、バカにした態度であってはなりません。才能に尊敬を払っている目で、彼女を見つめるべきなのです。

〝変わった〟とは偏屈《へんくつ》ではなく、英語風にいえば〝どこか新しい〟とか〝他人と一線を画している〟というニュアンスであることを頭に入れておくことです。そうそう、もう一つ、知性的、個性的という意味合いも入っていることをお忘れなく。

□初めての人からほめられると誰でも胸がときめく

「アロンソンの不貞の法則」は、長年連れそった古女房にほめられ

■ **今夜から使える心理テクニック 021**

「きれい、かわいい、美しい」の3種類のほめ言葉しか使えない男からは、女性は去っていく。なぜなら、このほめ言葉は、ほかの女にも通用するからだ。彼女だけにしかいえないほめ言葉を、最初に考えよう。

てもどうということはありませんが、初めての女性からほめられたら、胸がときめいて、不貞にまでいってしまう、という怖い法則です。

最近は芸能人の不倫が問題になっていますが、このケースが圧倒的に多いのです。

だとすれば、これを逆用することもできます。

たとえば、日頃、その仕事ぶりを認めていない、かわいい女性をモノにするのに、この法則を使うのです。

いつもほめられたことのなかった人からほめられると、誰しもその喜び、感激はひとしおです。それこそ、もうどんな女性でもメロメロにしてしまう効果があります。

ある日突然、彼女を職場でほめるとしましょう。すると彼女はうれしさのあまり、キミに抱かれてもいいとさえ、思ってしまうのです。

□知り合ったばかりの頃こそ、自分の弱みを隠さない

そっくりな点をなるべく多くするのも、接近する有力な方法です。家の方向、趣味、性格、学校のクラブ活動、なんでもいいですから、一つでも多く合わせることです。

嘘も方便で、ときには少々彼女に合わせてもいいでしょう。父親や母親の年齢などを合わせても、神様はお叱りにならないはずです。

映画や音楽の趣味が一致していれば最高です。まず親しくなれます。しかし、一致していなくても悲観する必要はありません。たとえば演劇の趣味が違っていたら、「一度ぜひ連れていってください」と頼めば、むしろ彼女のほうが喜ぶでしょう。その際、自分の趣味に引き込んではいけません。

「一度、ボクの好きな劇団を観に……」

■ **今夜から使える心理テクニック 022**

女性には、直観が備わっている。「この男は私を理解してくれている」と思えば、女性はどんな誘い方でもついてくる。この直観で選ばれるようになれば最高だ。誘い方より、女性に信頼されるつき合い方を研究しよう。

というのは、彼女の趣味に合わせたあとが賢明です。そうでないと、〝この人は、自分の趣味に私を合わせちゃう気じゃないかしら〟と疑われて、警戒心をもたれかねません。

もっとも喜ばれる共通点は、短所です。

「私ってすごくおっちょこちょいなの」

「えっ、実はボクもヘマばかりやって、会社でも叱られてばかりいるんです」

「それなら、よかった。じゃ私がヘマをしても大丈夫ね」

と、こういう会話になるでしょう。特に知り合ったばかりのときは、利口ぶらないで、少々抜けたところを見せたほうが、後々、絶対有利になることをお忘れなく。

□友だちより上、恋人より下のポジションを確保する

最初は何も〝愛情〟で接近することはありません。いまの若い女性は、そういう重い関係をイヤがるものです。〝お友だちより上、恋人より下〟の関係が、彼女の望むベストなポジションでしょう。

そこで〝気《き》の利く男〟が絶対有利になります。雨が降ったら車で迎えに行く——彼女にとっては最高の奴隷《どれい》でしょう。それがムリなら、鞄の中にいつでも折りたたみの傘を入れておくことです。

いつの時代も女性たちにとって便利な男というのはいるものですが、彼らは何でもしてくれます。いまどきは、日用品ならネットから何でも買えますが、それよりも早く、なおかつタダで欲しいものを届けてくれる存在は貴重です。

遠く離れて彼女を眺めている男たちより、この便利な男たちのほうがグッと親しさを増すことでしょう。なぜなら、女性は「肉体的距離の近さ×時間」によって親しくなるからです。

週に一度花をもってくるエリート男性より、毎日送り迎えをしてくれる三流大学生のほうが、彼女のハートを射とめる確率は、はる

■ 今夜から使える心理テクニック 023

女性とは、ただ話し合う関係でいたのでは、いつまでたっても、男女の仲にはなれない。女性とは男にとって“触るか、揉むか、舐めるか、吸うか、噛む存在”にならないと、つまらない。

かに高いといえます。

何ごともイヤがらないで彼女のために尽くす――知り合うきっかけにもなりますし、より親しく接近する方法としてもいい方法です。

□古典的な「ハンカチ落とし」はいまでも使える

昔からいわれている方法に、ハンカチを落とせば、知り合うきっかけが生まれるといいます。近頃では、そんな陳腐《ちんぷ》な手法で引っかかる女性はいない、と思われていますが、どうでしょうか。

たしかに混雑している場所や、電車を乗り降りする際に、ハンカチが一枚落ちたところで見向きもされないかもしれません。しかし、人通りの少ない道で落としたらどうでしょうか。

少なくとも10人中3人は、

「ハンカチを落としませんでしたか」

と、後ろから声をかけてくれます。もし声をかけられなかったときには、自分から後戻りして、

「すいませんが、この辺にハンカチが落ちていませんでしたか」

と聞くチャンスは残されています。

こう考えてくると、知り合うきっかけは、こちら側か相手側かが、声をかける〝何か〟を仕掛ければいいわけで、ハンカチでもキーホルダーでも、ケータイでもなんでもいいことになります。

こういう古典的な方法は、だんだんはやらなくなっているだけに、意外に効果を上げるときもあります。

本を落として、知り合ったケースもあります。本の後ろに〝○○蔵書〟という判が押されていたので、拾った女性も文学好きということもあり、女性から電話を入れたのだそうです。

〝櫻井蔵書〟となっていれば、蔵書をたくさんもっている男と、誰でも錯覚《さっかく》するでしょうし、女性はそこから空想を拡げていくものです。

■今夜から使える心理テクニック 024

男には七つ道具が必要だ。ハンカチは、雨の日の女性の服や靴を拭く道具であり、マフラーやコートは、女性に着せかけるものであり、傘はいざというときの備えである。そしてケータイは、他に女性がいない証明材料として重要だ。

スーツやハンカチにイニシャルを入れておくのも、その意味でバカになりません。

□どんな状況でも、うまくいく可能性はある

一度、勇を鼓《こ》して、女性に声をかけてみませんか？

「あの、失礼ですが……」

これに対して、黙ってさっさと歩いていく女性、知らん顔で離れていく女性が大多数であることは当然です。

しかし〝大多数〟ではあっても、〝全員〟ではないことは、どんな男でも確率論からいって承知しています。

では、実行してみる価値があります。しかし、5人、10人に連続して断られれば、勇気もなくなってしまいます。そこで、確率論を使って考えてみましょう。

（1）時間――朝、午後、夕方、夜
（2）場所――繁華街、デパート近辺、美術館あたり
（3）地域――銀座、渋谷、原宿、上野、新宿（東京の場合）
（4）ターゲット①――急いで歩く女性、ゆっくり歩く女性、あるいは、ショーウインドーを覗《のぞ》いている女性
（5）ターゲット②――OL風、人妻風、学生風、水商売風

このように分けて考えていくと、ある程度の確率が出てきます。

朝は無理でも昼下がりは確率が高そうだ、銀座は気位が高そうだが、渋谷あるいは上野は穴場ではないか？

実は、ある男性が実験的に新宿の街頭で声をかけたら、10人に1人、つまり1割の確率でした。ところが有楽町近辺のデパートのウインドーを午後、ゆっくり覗いている女性は〝お茶〟だけだったらOKが、3人に1人の当たりだったといいます。

■ **今夜から使える心理テクニック 025**

YESかNOかを迫るとき、「行く？　行かない？」というよりも「行かない？　行く？」といったほうが、うまくいく。もっと確率を高めたいときは「行く？　行こう！」と誘えばいい。

「あの……」

この一声で3割以上の打率なら、一人でヒザを抱えている男はバカみたいではありませんか。チャンスは待っていても生まれないのです。

□一言も話さないで彼女に近づく方法がある

ホテルのバーで、一人で飲んでいる男がいました。一杯のブランデーをゆっくり味わいながら、この男、所在なげに手を動かしています。

「何をしているのかしら？」

2、3メートル離れた席にいる女性が、時折チラッと見ています。男はハンカチを折って「ねずみ」をこしらえていたのです。間もなくでき上がった白ねずみが、カウンターの上を、いまにも女性を目ざして走り出そうとしています。

「まあ、かわいい」

思わずその女性は、ニッコリ笑ってしまいました。

ところがその男は、またもや黙々と、もう1枚のハンカチを折っています。そしてでき上がったのが、今度は赤いねずみです。えんじのハンカチを使ったのでしょう。その一匹をカウンターを滑《すべ》らせて、彼女の許《もと》へ――。

この間、彼は一言も発することなく、みごとに彼女と接近してしまったのです。

このようにハンカチ一枚、あるいは、楊枝一本、サイコロ一個のテクニックでも、簡単に知り合うきっかけをつくれます。

しかし、単にねずみをつくっただけでは、女性はおもしろがるだけで、心の接近にまでは至りません。

ところが、「黙ったまま」「白と赤の二匹のねずみ」をつくり、「その一匹を彼女に走らせる」ことにより、この男は、「なんてカッコい

■ 今夜から使える心理テクニック 026

釣り師は最初の一尾の魚を釣り上げることに、全力を尽くす。婚活で女性を釣るときも、最初に出会った人に全力を尽くすべきである。こうすると、口説きのコツがつかめてくる。

い男なのだろう」と、彼女のハートを捉えてしまったのです。

〝昼は会話で、夜は沈黙で〟といわれるように、しゃべるばかりが能ではありません。

□女性は偶然に知り合った男に強く惹かれる

女性は神秘性を大切にするものです。誰かの紹介やサークル、職場で知り合った男性より、偶然に知り合った男性のほうに強く惹かれます。その偶然が二度重なれば、彼女は赤い糸の存在を信じ、偶然に感謝することでしょう。

では、二度偶然をつくることはできないか？

これは誰にでもできますし、ほとんどの恋愛小説は、この偶然の重なりをモチーフとしているものです。

海外旅行の出発の際、成田で会った男に、海の向こうのホテルのレストランで再び出会ったとしたら、どうでしょうか。運命のめぐり合いを感じるでしょう。その男に、東京の街で三たび出会ったら、まず結婚でしょう。

女性はこの三たびの出会いを偶然と思うかもしれませんが、実は偶然でなく、仕組まれたものかもしれないのです。つまり、誰でも二度目に会ったときの会話から、三度目をセッティングすることができるはずです。

どうしてもこの女性と知り合いたい、とすれば、そのくらいのアイデアは出すべきです。

そのためには、次のようにツボをついた質問をしておくべきでしょう。それも直接、質問するのではなく、会話の中でこれらの知識を得ておくのです。

（1）何線の沿線に住んでいるか
（2）会社の位置はどの辺か

■ **今夜から使える心理テクニック 027**

「あなたの全部を知りたい」――これは男女ともに使える究極の口説き文句。

（3）会社の出退社は何時頃か
（4）習い事やカルチャーセンター、フィットネスクラブなどに通っているか
（5）好みのカフェやバーがあるかどうか
（6）遊び場所はどの辺か

まずこれだけの情報があれば、二度目の偶然をつくるのは、実にたやすいことです。

□彼女の肌に触れて、親近感を抱いてもらう

女性は言葉遊びが好きです。正月などにグループに分かれて、一つの言葉を順繰りに背中に指で書いて伝え、その正確さを競う遊びがありますが、女性のほうが夢中になります。

そうなるのは、それが「３Ｓの理論」に則《のっと》っているからです。

（１）スマイル（微笑）
（２）スキンシップ（肌の触れ合い）
（３）サイト（視線）

これが、女性が好きな「３つのＳ」といわれるものですが、肌に触れられると、特に親密さを増すものです。

電車の中でも、この遊びを応用することができます。まだ愛の告白ができないカップルの場合、男性が彼女の手に〝スキ〟と書いてみるのです。ドアのガラスに書くのもいい方法です。

これは、口による〝好き〟という表現より断然勝るといわれる方法です。なぜなら、肌に直接、愛を表現したからです。そのとき、もう一歩踏みこみ、〝スキ〟と書いてから、Ｓ字型にスとキの間をなぞるのです。スキを逆にする、つまり、〝キス〟を要求するわけです

■ 今夜から使える心理テクニック 028

ともかく女性の体には、触れる工夫をしてみよう。「背中に落ち葉が付いているけど、取ってあげようか？」といえば、背中に触ることができる。これが、小さな縁となっていくのだ。落ち葉は口実に過ぎない（笑）。

が、それを理解すれば、

「バカね」

と急に顔を赤らめるでしょうし、理解できなければ、

「スキの反対。嫌いっていう意味じゃないよ」

とでもいえば、どんな奥手のお嬢さんでも意味がわかります。このように、女性にはなるべく肌で訴えかけたほうが手っ取り早いのです。

ことに、いいにくい言葉は、肌に直接書くに限ります。言葉であれば、背中にもヒザにも手で触れられます。触れたほうが勝ちなのです。

□彼女の視線をしっかり受けとめる

女性は本気でつき合おうというときは、男の真正面の顔をじっと

見つづけます。一時的に好きになる顔か、ずっと自分を引っ張ってくれる魅力をもつ顔なのかを、判断しようとするからです。

顔は別として、彼女の好みがわかっていれば、その好みに合わせたスタイルにするのが最適ですが、逆にキミのスタイルが好みの女性から、声をかけられることもあるはずです。

ハゲが注目されるというのも、この女の真正面心理によるものだと思われます。大人の女性ほど、ハゲを気にしません。ハゲ嫌いの女性だったら、むしろ面白みに欠けますから、やめてもいいでしょう。

最初に知り合うきっかけが、好みのスタイルだったとしても、深くつき合っていくうちに、この真正面心理はもう少々深くなります。たとえば、困難な仕事に直面したとき、敢然と立ち向かっていくか、あるいは逃げてしまうかで、信頼を深めるか失望されるかに分かれます。

困難な仕事から逃げるような男は、自分たちの関係においても、い

■ 今夜から使える心理テクニック 029

意気地がない、口うるさい、逃げ口上をいつも用意している、金銭に汚い、人の批判ばかりしている──こんな男は、最初から女を口説く資格はない。まず、己の悪い点を直さなければ、女性が可哀想だ。

ざというとき逃げを打つようになるのではないか、という疑心を生むからです。

女性の特徴は記憶力のよさです。男が忘れている一言を女性は覚えているだけに、この真正面心理を軽んじてはならないのです。

小学生の頃、野球をやっていて、ガラス窓を割ってしまった。そのとき正直に詫《わ》びに行った少年を、ずっと思いつづけていた少女の話もあるのです。真正面にあるものを直視するのが女性であるなら、それをまともに見返すつもりで処理できる男であれば、知り合うきっかけはいくらでも生まれるでしょう。

□たいていの女性は変化のない日常に飽きている

知り合いのバーか飲み屋に行くとき、たまには変装してみませんか。変装といっても、まったくわからないようにする必要はありません。眼鏡を変えてみるとか、ネクタイをはずしてみるとか、つけひげでもいいでしょう。いつもいつも決まりきった眼鏡でなく、サングラスでもかけてみましょうか。

「あら、誰かと思ったら、Ａさんじゃないの」

ふしぎなもので、たった一つの変化で、いままで側に来たことのない看板娘が、急に馴《な》れ馴れしくなることがあります。

女性は実は変化を好む生き物です。どんな環境の変化の下でも生きていける強さももっています。家の模様替えでも、女性の力だけでタンスやベッドの位置を、一日にして替えてしまいます。

男はその点、あまり環境を変えられると、とまどってしまいますが、女性は変化のない日常に飽きているのです。そこで、いつもの定番ではない姿を見せると、急にはしゃぐのです。

「わあ、Ａさんってカッコいいんだ。いつものスーツ姿のときには目に入らなかったけど、今夜のＡさんのジーンズスタイルなら、私、本気になっちゃおうかナ」

■今夜から使える心理テクニック 030

女性が「NO！」といっても、あせることはない。明日になれば、変わることは、いくらでもあるからだ。反対に「YES」といったら、チャンスはその日だ。明日になったら心変わりする。

突然、長い間の想いがかなうこともあります。もちろんかなわない場合もあるでしょう。しかし、やってみなければわかりません。日常のぬるま湯に浸っているサラリーマンは、自分を変える勇気がないのです。それを思いきってぶち破ったAさんに、女性は本当の男を見るのです。

□食べものの好みと趣味の一致が二人の距離を縮める

職場で好きな女性ができた場合、どうきっかけをつくって接近するか――男なら誰しも悩むところです。こんなとき、たった一つでもいいですから、彼女の好き嫌いを知ることです。

たとえば夏が好きだとしたら、そこから相当量の情報が引き出せます。

夏→〈海岸、ハワイ、サングラス、熱帯魚、白、ブルー、スキューバ・ダイビング、プール〉などなど、想像ではありますが、この辺の話題がきっかけとなる可能性があるでしょう。

この反対に暑い夏は苦手だとすれば、スキーとかスケート、ラグビー、アイスホッケーなどの冬のスポーツがクローズアップされますし、食べものにしても、冬の料理が話題に上ってくるでしょう。

もちろん正確な判断はできませんが、そう大きな誤りを犯すことはありません。女性と合わせるためには、まず趣味が一致していることを悟らせることです。

「ボクは海が好きなんだなァ」

この一言で、女性は内心〝趣味が合うかもしれないナ〟と自問自答しはじめます。〝一度デートしてみてもいいかな?〟と。

ここまでいけば、第一関門突破ですから、第二関門用に、おいしいものを一致させるのです。食べものの趣味まで一致したら、もう全部一致したも同然です。

狙った女性になんとしても接近するのですから、最低このくらい

■今夜から使える心理テクニック 031

昔から女性には、愛するか嫌うかの、どちらかしかない。嫌われていると思ったら、口説いてもムダだ。まず好意をもってくれる女性を見つけよう。その女性を見つけたら、もう半分は成功したも同然だ。

の情報は前もって手に入れておくべきです。この方法なら、実はいくらでもきっかけはつかめるのです。

□女性は言葉だけで満足しない

キミはしゃべるとき、手をどうしていますか?

口で話すだけで手が遊んでいませんか?

それでは二つの点で損をしています。なぜか――。

一つには、女性はいつも、全身を使って相手を理解しようとしています。それだけに、耳から入ってくる言葉だけでは、頼りないのです。これは女性が全身に性感帯をもっているところからきている性質ですが、耳で聞きながら、目でも確かめたいのです。

もう一つは、一般に女性は大げさを好みます。

詫びるときでも、「ごめん」というより、

「悪かったなァ。許してくれよ。もう絶対しないから」

こういって手をついたらどうでしょう。今度は女性のほうが、そんな男に抱きついていくかもしれません。

「どのくらい私のこと愛している？」

これは女性がよくいう言葉ですが、そのとき、

「こんなにいっぱいだ」

といいながら、両腕を広げたらどうでしょう。

「それだけ？」

うれしそうにいうでしょう。それに対して、

「オレの手が短すぎるんだ」

などといおうものなら、そのまま腕の中に飛び込んできてくれるかもしれません。外国人、ことにイタリア人が口説き上手といわれるのも、彼らは両手を大きく開いたり、何ごとにも大げさだからなのです。

口だけ使っていたのでは、知り合うきっかけとしては足りません。

■今夜から使える心理テクニック 032

身ぶり手ぶりを大きくしよう。うれしければ、オーバーにそれを言葉にしよう。表情を動かさず、口だけ動かして「好きだ」といっても、女性は、そんなものは信じない。女性が求めているのは“突き上げるもの”だ。

手も参加させてみましょう。ときには全身で。それもなるべく大きな動作で、大げさに！

□男女の仲は正面より、斜に構えたほうが親しくなれる

グループでレストランに行ったとしましょう。ほぼ男女半々だとすれば、男と女が向き合って座ることになります。

このとき、目ざす相手がいるとすれば、誰でもその女性の正面に座りたがります。では正面に座った男が彼女を口説けるでしょうか。

答えは「ノー」です。

おもしろいことに、真正面に座ると、欠点がミエミエになってしまうものです。

「この人って、よく見ると貧相な顔をしている男ね。鼻毛が出ているし、ヒゲも濃そうだし、私の趣味じゃないわ」

ところが、正面の男の右側に座ってみましょう。彼女からすれば、正面の男の左側に位置することになります。この男性は彼女のほうからどう観察されるでしょうか。おおむね、好意的に見られるのです。

男女の仲はほんのちょっとだけ、斜めに構えているほうが親しくなれるのです。なぜでしょうか。女性は真正面のものを直視してしまう性質があるからです。

男なら誰でもそうですが、真正面から見つめられて自信がある人間は、普通いないものです。なぜなら男というのは、顔で勝負しているわけではなく、頭脳《あたま》であったり、行動力であったり、ときにはやさしさで勝負するからです。

あわてて正面に座るのは、きっかけをつかめるようできっかけを失ってしまいます。テレビの男女交際シーンを見ていても、ふしぎに斜め同士が引き合うことが多いことは、キミも知っているはずです。

■ **今夜から使える心理テクニック 033**

合コンなどで、その女性が自分に気があるかどうか、確かめたいものだ。そんなときは、姿勢に注目してみよう。脚を組むにしても、テーブルの上に置くペットボトルにしても、気になる男のほうを向くものだ。

第3章
彼女の心を自分に向けるテクニック

□彼女と触れ合うきっかけをつくる

ガールフレンドはできたが、もう一歩先に進めない、と悩んでいる人は結構多いものです。こういう人は、目の前にあるきっかけ、あるいはチャンスをみすみす逃がしているのです。

たとえば道路を歩いているとき、車道側を彼女が歩いていたら〝危ないから、こっちを歩けば〟といいながら、腕をとってあげる。デコボコ道にきたら〝オレにつかまれよ〟と腕を差し出す。トイレに彼女が行くときは〝荷物もっていてあげる〟といえば、たいへん喜ぶはずです。

寒い季節だったら〝コートとマフラー脱いでいけば？〟といってあげるのです。女性はコートをもたせる男性を特別視するものです。なぜなら、〝脱ぐ〟行為を男に見せるわけですから、一瞬、恋人のような錯覚に陥るのです。

すし屋に入ったら、自分のハンカチを渡して、彼女のヒザに敷いてあげる。〝醤油でシミになったら、大変だから〟と一言いえたら最高です。

タクシーに乗ったら〝忘れるといけないから、荷物はオレのそばに置いておこう〟。こうすれば彼女と密着するチャンスができるはず。

これらの行為は、すべて彼女と触れ合う、きっかけづくりになるものばかりであることに、気がつきましたか？

ときどきカフェで、〝ミルク入れる？〟などと聞いて、コーヒーに入れてあげている男がいますが、愚の骨頂《こっちょう》。なぜなら、彼女と触れ合うきっかけがゼロだからです。

そして最後の別れ際に〝疲れなかった？〟と聞くことです。〝あなたがやさしかったからまったく！〟と、彼女はキスのお礼をしてくれるかもしれません。

■今夜から使える心理テクニック 034

黄信号で道路の向こう側に渡るとすれば、女性の手や腕を握っても感謝されるだろう。突然の雨が降ってきたときの傘1本、ハンカチ1枚でも感謝される。つまり、女性に感謝される場面をつくり出せばいい。

□花をプレゼントするなら、ブーケより一輪の花

ようやく彼女の部屋を訪れるチャンスができた！　花束とケーキをもって、いざ出陣といきたいところでしょうが、ここで、一つ問題があるのです。

花束とケーキが二人の雰囲気を盛り上げるのに、適当かどうかということです。一見すると〝わっ、ステキ！　最高ね〟となりそうですが、せっかくのチャンスですから、もっと、一直線に親しくなったほうがトクです。

その場合、花束より一輪の花、つまりカトレアなどが効を奏することがあります。彼女の部屋で、彼女の胸か髪に、カトレアをつけてあげるのです。

花束なら、彼女が受けとって花瓶に活けるでしょう。しかし、カ

トレアなら、キミが彼女自身の髪や胸元に飾れるではありませんか。

また、ケーキでも、フォークやナイフを使って食べる高級品では、親しみが湧きません。手に直接とって食べられるもののほうが、お互いの距離がグッと近くなります。

ちょっとした食事も、初回は和食などでしゃれても、2回目以降はピザやお好み焼き、といったものを、二人でワイワイいいながらつまむといいでしょう。

つまり、モテようと思えば、二人の間に邪魔なものを入れないことなのです。花瓶やフォーク、猫や犬、そのほかテーブル、こたつ、手袋やヒモ一本でさえも、ときには邪魔になって、行動を起こせないものです。

カトレアを胸につければ、自然とキスが生まれます。二人で大口を開けてピザでも食べれば、もう友だちではなく、恋人の関係なのです。

■ **今夜から使える心理テクニック 035**

レストランで高級料理を食べるより、祭りの夜店で立ち食いするほうが、はるかに簡単にモノになる。

□一度断らせておくと、2回目はOKをもらいやすい

〝一押し二押し三に押し〟といわれるように、一般には強引な男ほど有利に戦いを進められるはずです。

とはいえ、「私とつき合ってください」と、正面から押していって、うまくいくケースは、それほどありません。

ところで、セールスの方法におもしろいテクニックがあります。

最初に主婦に向かって、

「これをぜひ奥様にお求めいただきたくて……」

と100万円の品を出すとします。当然断られますが、次に10万円の品を提示すると、今度は非常に安く感じられて、買う率は、10人中5人、50パーセントにも及ぶというのです。

では、最初から10万円の品を示した場合にはどうかといえば、購

買率はわずか17パーセントでしかないのです。

ここから女性に接近するテクニックが一つ浮かび上がってきます。

最初に、「今度ぜひ海へご一緒に……」といって断られてから、映画か遊園地に誘う方法です。あるいは最初に〝お酒を一緒に〟と出しておいて、ダメなら〝コーヒー〟に切り換える方法もあります。

「そのくらいならいいわ」と思わせるために、一度自主的に〝断る材料〟を提示する。

「この人、なんて強引なのかしら」と思わせておいて一歩引くと、女性はつい引き込まれてしまうものなのです。

□3回目のチャンスをムダにしない

「3回目でモノにならなければムリ」とは、よくいわれる言葉です。

デートの回数を指しているわけですが、実はこの〝3〟という数

■今夜から使える心理テクニック 036

断られた直後に、もう1回、ダメモトで誘ってみよう。「どうしてもムリですか？」──この一言によって彼女がOKすることは、いくらでもある。気弱な心を捨てよう。

字は、「1、2、3」の「3」、あるいは「ホップ、ステップ、ジャンプ」の「ジャンプ」に当たるのです。

知り合う、手を握る、肩を抱く、または唇、乳房、性器でも同じですが、3という数字の意味は、一つの終着点を示しているといわれます。

それだけに、知り合うきっかけも、接近するテクニックも、3の呼吸を大切にしたほうがいいでしょう。剣道でも一の太刀《たち》をはずされたら、返す刀で二の太刀をふるい、最後に三の太刀でとどめを刺すわけです。

この呼吸がわかっていないと、やたらウロウロしたりして、せっかくのチャンスが逃げていってしまうのです。

当然のことながら、攻める側が3の呼吸で迫るのですから、受ける女性側も二の太刀まできて、三の太刀は受けきれないかな、と思わず目をつぶってしまうのです。

にもかかわらず、そこで攻めを中止してしまえば、女性はかえってフラストレーションを抱いてしまい、うまくいくはずが、そうではなくなってしまうのです。

たとえば、せっかく知り合った。次にケータイに電話をする。そこでおしゃべりしたあと、「じゃ、おやすみ」では、彼女は気が抜けてしまいます。当然デートの誘いをすべきでしょう。彼女は待っているのですから……。いずれにせよ、攻撃とは、徐々に激しくすべきで、後退したら何にもなりません。

昨日手を握るところまで行ったのなら、今日は肩まで行くのです。そうすれば、明日は唇まで行ける予定に到達できるではありませんか。3の呼吸をぜひお忘れなく！

□3回目のデートで手を握る

女性は3回目のデートで何ごとも起こらなかったら、その男から

■今夜から使える心理テクニック　037

三方攻めという方法がある。たとえば、電話、メール、写真がそれだ。どれか1つで攻めるより、3ついっぺんのほうが効果は高い。特に女性は写真好きだ。すぐ2人でくっついて、撮りたがる。写真をメールで送って、声で口説け！

去っていくといわれます。自分の魅力を評価してくれなかった、と思い込んでしまうからです。

それに対して平々凡々、臆病で勇気がなく、ただ単に人が好いだけの男は、3回という短い時間の中で、手を握るところまでいかないのが現実でしょう。

それではお互い、食い違いのまま別れてしまうことになる。ここは勇気をふるって、手を握ってみましょう。とはいえ、突然握ったら誰でも逃げていきます。

そこで横断歩道を黄色の信号で渡るときはどうでしょう？　女性の手を握って当然でしょう。水たまりがあれば、これも手をとって自然です。こういうチャンスを何回となくつくるのです。女性はそこで気がつくでしょう。この男はそれを仕組んでいるのだと。

「本当はあなたってワルイ人なんでしょう？」

こういわれたら、もうシメタもの。悪の計略は、男女の仲では必需品であることをお忘れなく。

□キラキラ輝くものに惹かれない女性はいない

「この間、シルバーのアクセサリーを買ってあげたけど、彼女はあまりうれしそうではありませんでした」――こういう相談が舞い込みました。

一生懸命お金を貯めて、彼女のために買ってあげたのに、これでは可哀想すぎます。でも、この男性は、女心を知らなすぎたのです。

もう大分前になりますが、なぜパチンコ屋に、女性客がふえたかご存じですか？　電気が明るくなったからなのです。どの店も輝くばかりの照明ではありませんか。

そうなのです。女心は〝輝くもの〟に惹かれていくのです。

若い女性のファッションを、よく観察してごらんなさい。ダイヤの指輪、ゴールドの腕時計、耳には金のリングのピアス、手首には

■今夜から使える心理テクニック 038

女性から手を差し出す状況をつくろう。たとえばエスカレーターに乗るとき。あるいは水たまりの道を避けるとき。仮に手を握れれば、次は腕を組める状況を考えよう。口説きは、最高の頭脳作戦だ。

金のチェーンリングをしているではありませんか。

シルバーや真珠のアクセサリーをしている若い女性のほうが、少ないはずです。

もし、キミの眼鏡やタイピン、カフス、腕時計、カバンの金具などがステンレスやシルバー製品であるならば、ゴールド製品に替えるたほうが目に立つでしょう。

そんなムダなことを！　なんて思ってはいけません。彼女からすれば、自分と歩いても合わないからイヤなのです。

街を歩いていて、素敵なカップルに出会うことがあるでしょう。

これはお互いの色彩が合っているから、そう見えるのです。

キミも彼女の色彩に合わせるようにすれば、向こうから腕を組んでくるのです。

□大人の女性ほど、小さなプレゼントを喜ぶ

贈り物でわかりますが、小さな品を喜ぶ女性は、指輪や時計、カトレアの花一つ、小さな写真立てなどをほしがるものです。

反対に大きな品物でないと、喜ばない彼女もいるのです。大きなぬいぐるみ、抱えきれないバラの花束に歓声をあげるでしょう。こういう女性は、赤ちゃんや小犬、子猫などのペットを抱きたがります。

だから初めてつき合うときは、彼女がどちらのタイプかを知る必要があります。せっかくのプレゼントが効果を上げなかったら、ムダというものです。

一般に、小さな品物を喜ぶ女性は大人です。控え目といっていいでしょう。だから、うれしさをすぐ行動に表わすことは、めったに

■ 今夜から使える心理テクニック 039

女性は“好色”である。“男好き”であると同時に“色彩好き”だ。だから洋服の色から性格も読めるし、その日の気分もわかる。デートのときは、刻々と景色の変わる早朝や夕刻にすれば、彼女は大感激するだろう。

ありません。ところが、ぬいぐるみ派の女性は子どもっぽさを残しているだけに、うれしいときは男にかじりついてきます。

この種の女性は、一人っ子か末っ子が多いだけに、甘ったれ屋です。抱くものに飢えているということは、自分も抱かれたいのです。「このぬいぐるみをボクだと思って、毎晩抱きしめてほしいな」などといおうものなら〝いやらしい〟といいながらも、大喜びです。その代わり、キミもぬいぐるみの一つですから、飽きられたらポイと捨てられるかもしれません。

その点、小さい品物派は少々お金もかかりますが、じっくり愛を育てていくのに適した女性です。

□いつもと違う服装で彼女をちょっと驚かせる

「おや、まあ、へえ」の原則というものがあります。〝おや？〟と注意を引かせ、〝まあ〟と驚かせ、〝へえ〟と納得させれば、品物は売れる、あるいは女性と知り合えるという原理です。

〝おや？〟と思わせるものは次の4つです。

(1) 服装
(2) 髪型
(3) 香り
(4) 携帯品

この4種類は挨拶をする前、あるいは遠くにあって興味や注意を引くものだからです。

だから知り合うきっかけとして、この4種類の何かで特徴を発揮することです。小脇に本を抱えている。その本は必ず彼女の目にとまるでしょう。

「おや？　あの人、何の本を読んでいるのかしら？」

■ 今夜から使える心理テクニック 040

女性には、大きなぬいぐるみの好きなタイプと、小さなマスコット好みのタイプがいる。口説きやすいのは、大きなぬいぐるみ派だ。それは、ベッドに置いて、彼の身代わりと思うからだ。さあ、彼女はどちら派か？

興味を引くに違いありません。服装にしても、最初は一分のスキのないスーツ姿で行き、二度目はラフなブルゾンを着ていくとしたら、彼女の「おや？」度は相当高くなることでしょう。

「まあ！」という感嘆詞は、意表をつかれたとき口に出るものです。思いきって強引な口説きに出たり、思いがけぬプレゼントを渡したり、あるいは、驚くほど高級なレストランに連れていったりと、いずれにせよ、彼女の胸の内を波立たせることです。

興味を引かれていた男が急に身近な存在になり、突然の驚きを与えられたら、もうあとは男が何をするまでもなく、今度は彼女が毎日毎晩考えにふけり、その結果を「へぇ」と納得し、うなずかざるを得ません。むしろ「へぇ」と納得させる結論を、彼女側が待ってしまうことになるのです。

□雨の日は、女性の心も濡《ぬ》れやすい

梅雨はイヤですね。なんとなく気分が憂鬱《ゆううつ》になります。ところがこの季節こそ、女心を崩すチャンスなのです。

女優だった高橋洋子の小説『雨が好き』が、タイトルが素敵と評判になったことがあります。女性は雨と恋を結びつけたがるものです。小雨なら共に濡れて歩きたい、突然の雨なら一つ傘に入りたい、嵐の晩には狂おしく抱き合いたい――いずれにしても、雨は女性の心を揺さぶります。

これは女性というものは、雨に打たれる子猫に自分をたとえるからだ、という説があります。可哀想な子猫なら、暖めてあげることが必要です。濡れて震えていれば、抱きしめてほしい、抱きしめてあげたいと思うのが自然でしょう。

■今夜から使える心理テクニック 041

女性がキミを心配してくれたら、もう口説けたも同然だ。たとえば彼女のために、雨の中をずぶ濡れになってタクシーを探せばいい。

こういうロマンチックな想像をするだけに、車が走りまわり、泥をかけられる道路では、夢が破れてしまうことがおわかりでしょう。よりいっそうロマンチックな雰囲気を高めるためには、雨にふさわしいデート場所が重要です。

長崎、神戸、萩、京都、横浜と雨は切っても切れません。これらの町には、坂と石畳があります。キミの身近で、こういう場所を探してみてください。

もう一つ女性が雨が好きな理由に「夜目　遠目　笠の内」という諺《ことわざ》があります。夜見る女性、遠くを歩いている女性、笠をかぶっている女性は美しく見えるということですが、いまだったら、傘をさしている女性も美しく見えます。

それだけに雨の日は、女性をほめることを忘れてはなりません。

〝雨の日を狙え〟――梅雨のうちがチャンスです。

□女性に近づきすぎる男は嫌われる

女心を崩そうと焦っても、うまくいかない男もいれば、何もしないのに、モテる男もいます。世の中、自分の思うようにはなかなかいかないものです。

そこでまず、自分の名字を考えてください。水に関係ある名字の人は、ふしぎに女性に縁があるものです。

作家でも川端康成、三島由紀夫、赤川次郎、池上彰などは女性ファンが多いでしょう。政治家を見ても、小泉元首相、橋本元首相は女性票を大量に獲得していました。かくいう私も「櫻井」と、井戸に関係のある名字です。

このように「水人間」は、もともと女性と話が通じやすいタイプなのです。逆に石、岩、山、熊などという名字のつく男は、自分中

■ 今夜から使える心理テクニック 042

モテる男は、女性をそそるのがうまい。「そそる」とは、心を揺り動かすか、浮き立たせるかのどちらかをいう。知的な姿勢で女性を捉えるか、エッチな話題でその気にさせるか、自分の得意なほうでいってみよう。

心でいくと、女性から反発をくらいます。女心を理解するのが苦手なため、かえって強引に迫るので嫌われるのです。

作家の山岡荘八、黒岩重吾に女性読者は少ないはずです。

実はこれは、名字の由来からいえることなのですが、水に関係ある名字の男は、〝女性語〟が使えるということなのです。女性と話しても、長時間、飽きさせません。

ところが「山人間」は、女性との会話が苦手です。女性は第六感で、そういう男を敬遠してしまうのです。女心を崩す前に敬遠されては、お手上げです。

そこで、これらの姓の人は「女性と初めて会ったときは、挨拶のあと半歩下がれ」という、原則を実行すること。女性を知らないこの手の男に限って、女性と見ると近づきたがるのです。

相手が逃げるとでも思うのでしょうか。そうではなく、キミが近づきすぎるから、女性が防御本能を働かせるのです。

まず、名刺を渡したら、ちょっと下がって話を始めてごらんなさい。そうすると、逆に彼女から寄ってくるでしょう。

□もう一押しすれば、うまくいくとき

ある週刊誌に、女性ライターが書いていた話です。夜遅く女性の部屋に男が電話して、

「いまから、会えない？」

「でも、もうお化粧、落としたから」

彼女の声がこう答えました。その彼女は本当に断ったんだろうか、という設定です。

女性は、本当に断りたいときには、絶対こうはいわないというのです。実はきれいな私で会いたい、という心が秘められているのだから、もう一押しで部屋に入れてくれる、というわけですが、なかなか鋭《するど》い筆です。

■今夜から使える心理テクニック 043

新月、上弦の月、満月の夜に、彼女を誘ってみよう。もしかすると彼女は、ほかの日より喜ぶかもしれない。なぜなら女性は月の影響を強く受けるからだ。下弦の月の晩は、キミがイヤで断るのではない。

では、本当に断りたいときは、何というか？　この筆者は、

「明日早いから」

のセリフが最高だといっています。でも私は、それだと男につけこまれると思うのです。私だったら、

「じゃ、玄関に花を置いておくね」

とでもいいます。行ってチャイムを鳴らせばいいのです。ここが頭の使いようで、口説きは男と女の心理ゲームなのです。

男がいちばん困る理由は、

「いま、お父さんが来ているのよ」

この一言です。本当かな、と思いつつも、危険を冒《おか》したくないので、退散せざるを得ないでしょう。

どんな断り方をしようとも後からついてくるのは、イタリア人だといいます。しかし、あの明るさは憎めないと、女性たちは口を揃えます。

何度断られようと〝突進せよ〟です。日本の女性は、しつこさを

〝誠意〟と受けとる心をもっているのです。

□甘えてもらいたい心理、甘えたい心理の読み方

女性のヒザを枕に、のんびり寝こむ――男の醍醐味《だいごみ》です。でもふしぎなことに女性は、ただ黙って男を寝かせないものです。耳を掃除したり、髪の毛をいじったりしませんか。

女性には、甘えてもらいたい心理と、甘えたい心理が同居しています。もう一歩突っこめば、愛撫されたい気持ちと、男をいじりまわしたい気持ちの両方をもっているのです。

よく独身女性のマンションに、愛玩用の犬や猫がいるのを見かけませんか。男の代用品として甘えさせたり、もてあそぶのに最適だからなのです。

そこでキミがつき合っている彼女に、大きなぬいぐるみを贈って

■ 今夜から使える心理テクニック 044

きれい、かわいい、美しいというだけで、口説いてもムリだ。口説ける女には、そこはかとない色気がある。口説き上手はそこを見抜くのだ。からだや頭が、甘えたように斜めに傾ぐ女性を探してみよう。誘いを待つ姿勢だ。

ごらんなさい。小さいぬいぐるみではダメ。ベッドで彼女が一緒に寝られるような大きさの犬が最高です。

彼女はこの犬をキミの代役と思い、いつの間にか、キミと抱き合う夢を見るようになるのです。

また、キミ自身が、犬のように彼女に奉仕してごらんなさい。彼女の手足となり、便利屋に徹するのです。要は、女性のいじりたい欲求に応えるということです。

車の運転手もつとめるし、買い物にもお供する。彼女の愛玩動物として、ひたすら励む。外から見るとバカな役目を背負った男に見えますが、実は彼女がいちばん、心を許せる男なのです。女優がマネージャーと、ひそかにデキてしまうのがこれです。〝徹底的に甘えさせる〟ことなのです。

□口説ける女性は、背中に触れればわかる

近頃の女性は、一人歩きがさっそうとして見えます。〝男なんていらないわ〟というような顔で、背筋を伸ばして歩いている姿は、ちょっと、声をかけにくいものです。

ピンと背筋を張っているということは、心の緊張感を示しているのです。その上、脇目もふらず、大股で歩いていく女性を口説くのは、至難のワザでしょう。

逆にいえば、背中がだらしなく見える女性は、簡単に口説けるものです。美人でも背中を丸めてウインドーショッピングしていれば、スキだらけに見えるはずです。

私のような専門家は、顔で判断せず、背中で判断することを、ぜひ覚えておいてください。そこで――バーやカフェで、椅子やコー

■今夜から使える心理テクニック 045

言葉として出しにくいことは、彼女の手か背中に指で書こう。“スキ”と書いたら、すぐ次に“キス”と書くのだ。これで心も体も急接近する。

ナーに背中をもたれかけている女性に目をつけましょう。からだがだらしなくなっているほど、口説ける率が高いものです。

また、立ったまま女性が男に抱かれるときは、男の胸にからだを預けるか、背中を反らせてキスを受ける姿勢になるか――いずれにせよ、背筋の緊張がなくなります。

新幹線のリクライニングシート、あるいはカウチソファ、ハンモック類は、その点で口説くのに最高の小道具です。

芝生や海岸で寝そべっている女性は、誘いを待っているか、自分から誘いをかけているのです。だからデートの場所を、そういうところに設定するだけで、90パーセントは成功したも同然です。

□彼女の心が動く前に接触してはいけない

女性と性的に親密になるには、どうしたらいいでしょうか。男なら誰でもここが知りたいところです。

たとえば好きだからといって、突然女性を抱こうとしても、彼女は許してくれるでしょうか。普通なら無理です。ではどうするか？

まず彼女と性的に親密になるには、次の12の段階を順に踏んでいくことです。

(1)目から身体
(2)目から目
(3)声から声
(4)手から手
(5)腕から肩
(6)腕から腰
(7)唇から唇
(8)手から頭
(9)手から肉体

■今夜から使える心理テクニック 046

男と女の性的接触には、ルールがある。まず目から目、声から声、手から手、腕から体といった順序で、接触が始まるのが望ましい。いっぺんに唇から唇、下半身から下半身へと順序を無視するから、嫌われてしまう。

(10) 唇から胸
(11) 手から性器
(12) 性器から性器

いかがですか? 最初に〝この女性はいいな〟と品定めしたら、目を見つめなさい。それから声をかけ、お互いに話が合ったら手を組むのが手順です。

少し親密になったところで、腕を彼女の肩にまわしなさい。腰にまわすのはその次ですよ――こういう順序で、彼女にキスを求めればうまくいくのです。

あとは両手で彼女の頭を抱きしめ、からだをまさぐり、唇を胸にはわせていけば最終コースに到達です。

一般的に女性を陥落させられない最大原因は、女性の心の動きより早く、男が接触しようと焦るからなのです。彼女が(5)の腕から肩への気持ちのときに(7)のキスを要求しても、うまくいくはずがありません。

この〝12段階接触法〟を今日から活用すれば、完璧です。

□彼女の心の中に少しずつ侵入する

舛添前都知事ではありませんが、政治家は良心がマヒする、といわれます。心がマヒすると、姿勢が崩れるということでしょう。これは、女心を崩す場合に使えるテクニックでもあります。

たとえば彼女にふざけて、

「そんなことというと、キスしちゃうぞ」

といってごらんなさい。最初は、

「バカね、いやらしいことといって」

という言葉が返ってきますが、次の日もまたその次の日も、

「ようし、キスするとしたら、まず頬《ほ》っぺだ」

■今夜から使える心理テクニック 047

下手な男は、いちいち女性の性格を考えて、どう近づくか頭を悩ます。女に慣れた男は、相手がどんな性格であっても気にしない。ひたすら誠実をウリにして、モノにしてしまう。

「頬っぺは可哀想だから、最初は額だ」

こう繰り返してごらんなさい。彼女は唇はイヤだけど、頬っぺや額ならいいわ、という気にだんだんとなっていくのです。

一種の催眠術のようなものですが、堅い心が徐々にマヒしていく状態がよくわかります。

悪い男になると、

(1)お金がないので我慢してくれ
(2)なんとしてでもお金を稼ぐよ
(3)お金さえあればキミを幸せにできるのだが……

という論法で彼女に迫るのです。この怪《あや》しげな3段論法で、彼女は〝これ使って!〟と、お金を貢ぐようになっていくからふしぎです。

基本的に話し方は断定的にいうほうが、女性には快く響きます。

「ホテルに行かない？」と男がいったのでは、女性は〝ハイ〟といいにくいものです。それより「ホテルに行こう」というほうが成功の確率は高いのです。心をマヒさせやすいからです。

さあ、〝話術でマヒさせる〟テクニックで、彼女に迫ってみましょう。

□昼に崩れる女性、夜に崩れる女性を知る

女性は一度堕《お》ちると、きりがなく堕ちていくものです。お金を貢ぎ出すと、二度三度と男のいいなりになります。酒でも限度がわからなくなり、最後は心もからだも崩れてしまうものです。

ところがふしぎなもので、酒で崩れた女性が、からだの上にお金まで貢ぐようになるかというと、そうでもありません。

実は、人間というものは、時間によって性格が変わる動物なので

■今夜から使える心理テクニック 048

抱きたいだけの女を口説くのでは、まったくつまらない。もっと上を望もう。たとえ断られても、その時点で、自分の価値がわかるではないか？　口説くとは、男としての価値を知るためでもある。

す。まわりを見まわしても、朝と夜では、ガラリと性格が一変する人がいるでしょう。

よく観察すると、昼に崩れる女性は金銭問題タイプ、夜に崩れる女性はセックスで堕ちるタイプなのです。

午後の職場で声をかけたら、その女性がじっとキミを見つめたとします。キミは〝これは口説けるぞ〟と心の中でシメたと思いませんか。しかしこの種の女性は、真剣になりがちなので、遊ぶつもりなら要注意です。

逆に夜になると豹変するタイプは、結婚には向きません。酒にも遊びにもおぼれる女性だけに、家庭向きとはいえないからです。

そこで、いつもと違ったデートに誘ってみましょう。人間の生地がいちばん出やすい競馬、お祭り、あるいは遊園地の絶叫マシーンやゴルフなどがいいでしょう。

それも夜ばかりでなく、昼間もです。時間帯による性格と口説き方が、バッチリわかります。女心を崩すには〝時間の効果〟もあることを覚えておいてください。

□女性には男性に対して3つのタイプがある

もともと〝踊り〟は〝男取《おど》り〟といって、求愛のしぐさであり、それだけにダンス上手は、愛情面でも奔放《ほんぽう》です。目や言葉で愛を打ち明けるより、からだで表現してくる積極的なタイプですから、キミにも簡単に口説けるはずです。

しかし多くの女性は、からだで表現なんかしてくれません。それどころか、好きなのか嫌いなのかさえ、男には判断しかねます。

こういう女性の心をつかむには、面と向き合わない遊びをするのがコツです。

女性には3種類あって、一つは、ダンスをするように顔と顔を見合わせる「積極タイプ」。もう一つは、男の背中を見つめる「依存タ

■ **今夜から使える心理テクニック 049**

女性の心はピアノである。低音で弾くより、高音で弾くほうが胸はときめく。だがときめく胸は恋に向かう。エッチに向かうには、低音でなければ、女性は全身を預けてこない。声も音楽も低音がいい。

イプ」。そして、自分の背中を男に見せる「星空タイプ」です。

男の背中を見つめる依存タイプは、バイク、サイクリング、乗馬などに誘うのがいいでしょう。男の後ろからしっかりと抱きついてきます。

自分の背中を男に預ける「星空タイプ」は、非常にロマンチックな性格です。昼間だったらテニスのダブルスが最高です。ゴルフの練習も喜びますが、何といっても、星空を二人で見上げるのを期待するはずです。

でもどうやってタイプを見分けるか、心細い方にひと目でわかる方法を教えましょう。

二人で歩いていて、どんどん先に行く女性は積極タイプ。

男の後ろからついてくる女性は依存タイプ。

なんとなく肩を抱かれたい女性は、星空タイプです。

□女性には一度は許す性質がある

女性の口グセに「1回だけよ」「これっきりよ」というのがあります。これには母親の口グセが移ったという説があります。

幼い頃、「もうこれ以上はダメよ。これっきりですよ」という言葉を、何度いわれてきたでしょうか。その口グセを娘が真似しているうちに、身についてしまったのかもしれません。

これは別の観点からすれば、女性には一度は許してくれる性質がある、と解釈することもできます。

だから〝一押し二押し三に押し〟という格言が生まれたのです。

遠慮しているうちに、ほかの男にさらわれてしまう間抜けな男がよくいるものですが、この「1回だけよ」の口グセを知らない可能性もあります。

■ 今夜から使える心理テクニック 050

女性は口説かれたあとのことを考えている。1回だけなのか、このままつき合っていきたいのか、それとも結婚を目的にしているのか――どれがいい悪いではなく、どうしたいのか、わからせることが必要だ。

この「1回だけよ」と対照的な口癖が、「だって」「でも」「しかし」で、弁解の口グセです。

「キミはどうしてあの男に、それを許したんだ」

「だって〝1回だけだから〟っていうから、許しちゃったのよ」

こういう論理になります。だから安心して、1回は迫ることができるはずです。

また、もう少し深層心理を掘り下げてみると、「これっきりよ」「1回きりよ」の意味の中には、他人に知られたくない、という気持ちが潜んでいることもわかるでしょう。「内緒よ、これ」というのも、同じ口グセといえましょう。

だとすれば、他人に知られず、秘密が守れるならば「1回」とはいうものの、引きつづきその回数をふやすこともできるのです。

口グセはそれぞれ個人によって違いますが、早く口グセを知り、その裏を読むことも楽しい作戦です。

□男の電話の声に弱い女性は多い

私の友人に、電話で口説いて百発百中の男がいます。面と向かって話す声より、電話を通した声のほうがセクシーなのです。

彼は最初、そういう声の特徴などまったく気がつかなかったのですが、あるとき、

「あなたの電話の声で、私、興奮しちゃった」

と女性にいわれて、初めて自分の武器を知ったというのです。彼の声は低音ですがよく通ります。しかもそれでささやくのですから、たしかに女性には甘く響くのでしょう。

それからというもの、彼は片っぱしから、電話で口説きはじめたのです。はずれクジなし、という大戦果で、いまや私を凌《しの》ぐ実戦の大家です。

■今夜から使える心理テクニック 051

愛をささやくときは、女性の背後から左耳にすると効果が高い。それは、からだの左側がプライベートゾーンだからだ。

男は映像で興奮し、女性は目をつぶって、声だけ聞いているほうが興奮しやすいものです。そこで、デートのとき、声を話題にしてみてください。

「キミはタレントの誰の声が好き？」

と聞けば必ず彼女は延々と話し出すはずです。そして最後に〝あなたの声も好きよ〟といえば、ＯＫのサインととっていいでしょう。

□一緒に汗をかくだけで親密になれる

たとえば、この冬に知り合ったのだけれど、どうもアタックがうまくいかない、というキミ。もう一度、私の教える通りにしてみてください。

まず彼女に〝ＹＥＳ〟といわせるには、彼女を興奮状態にすることが先決です。興奮とは冷静の反対、つまり汗をかかせるのです。

キミが知り合った季節は、寒い冬でしたね。これから汗ばむ季節に入れば、それだけでもチャンス到来です。

テニス、ゴルフなどのスポーツで、汗を流させるのも一法です。ゴルフ場の近辺にラブホテルが多いのも、実はゴルフで女性が興奮するからなのです。

怖い刺激的な映画もいいでしょう。手を握れば興奮の度合いがすぐわかります。ダンスなら最高です。ロック音楽もＯＫでしょう。

食事でも、冷たい料理よりホットな料理が、女性を刺激します。「じゃポルノ映画ならもっと手っ取り早いのでは？」と思うかもしれませんが、これは〝ノー〟です。成熟していない女性は、ポルノでは汗ばまないのです。むしろ冷めてしまうこともあるので要注意。

次に、どこに汗をかくかで、見抜く方法もあります。額の汗は健康的で、口説きには適しません。小鼻の両脇とか、目の周りにうっすらと汗をかくようならＯＫのしるしです。腋《わき》の下に汗がにじむようなら大勝利疑いなしです。

■今夜から使える心理テクニック 052

女性とスポーツ観戦したら、必ず互いに汗をかく。その汗によって、彼女は寄り添うようになってくる。

女性がホテルで先にシャワーを浴びたがるのも、汗をかくことで、からだの興奮度を高めたいからなのです。〝汗を出させる〟――これがポイントです。

□恋人がいるといわれても、あきらめない

下手な男ほど、女性と知り合うとすぐに、「キミって彼氏いるの？」と聞きたがります。

私にいわせれば、彼氏がいれば手を引くのか、と反問したいところですが、実は男というのは〝どこに属しているのか〟を気にする動物なのです。

「どこの出身？」「学校はどこを出たの？」「どこの会社？」「何課？」「いまどこに住んでるの？」――キミはこんな質問ばかりしていないでしょうね。これでは劣等感を少しでももっている女性は、逃げて

いってしまいます。

しかし〝彼がいるかいないか〟の答えだけは、意外な本音が出ることがあるのです。

「そんなのいませんよ」

「いるわけないじゃない」

「もちろんいますよ」

さあ、この3通りの答えからどう攻めるか、考えてみましょう。

1人目は古いタイプ。恋人がいても隠しているでしょう。落とすには、じっくり交際しないと無理です。

2人目は簡単。〝ただいま空き家〟を表明しています。

ここで〝本当にいないの？〟なんて、自信なさそうにいう男は落第。この女性は、うじうじしている男は大嫌いのタイプなのです。

3人目の答えでガックリきてはいけません。そのとき間髪《かんぱつ》を入れず、「じゃ、ボクも入れて」と図々しくいうのです。ここが狙い目です。〝もちろん〟といういい方には恋人の匂いより、便利なボーイフ

■ 今夜から使える心理テクニック 053

女と見れば、誰にでも声をかけてはいけない。好きなタイプを決めることだ。それなら、周りの女性たちが納得してくれる。彼女たちは浮気な男が嫌いなのではなく、むやみに口説くから、イヤらしいと軽蔑するのだ。

レンドの感じがするのです。ここがポイントです。

□彼女の立ち位置で隣の男との関係がわかる

たとえば、キミの好きな女性が、街で男と歩いていたとします。それだけで〝もうダメだ！〟と思ってしまいませんか？　それこそ早トチリというものです。

よく観察してごらんなさい。二人は肩を並べて歩いていますか？　彼女は、男より一歩下がって歩いていますか？　それとも一歩先に歩いていましたか？

まず肩を並べて歩いていたら、互いに好意をもっている証拠です。

しかしクジケてはなりません。女性が男の右腕の側を歩いていれば、キミが割り込む余地はあります。ただし、左腕の側にぴったり寄り添っていたら、あきらめが肝心です。

男より一歩下がって歩いていたら、とりあえず彼女は、男を信頼していると見るべきです。この男と張り合うには、キミも信頼を得るよう〝時間に遅れない、お金にルーズでない、むやみにからだに触れない〟の3原則を守ったほうが賢明です。

もし、彼女が男より少しでも先を歩いているようなら、遠慮は禁物。ひたすら突撃して構いません。なぜなら彼女は、その男の恋人として見られるのを嫌っているからです。

女の達人は、ここまで見抜いて行動するものです。だから逆に、キミが女性と歩く場合、自分の左側にエスコートする形にすれば、彼女はいつの間にか、キミの恋人になったように錯覚するのです。

雰囲気と気分が女性をその気にさせることを、絶対お忘れなく。

■ **今夜から使える心理テクニック 054**

私流にいうならば、歩き方で口説ける女性がわかる。1つは靴音が高く響くタイプ。2つは逆に、靴音のまったくしないタイプだ。片や積極的な女性だし、もう片方は消極的に見えて、実は秘めやかな情事の相手になる。

□安心を不安に変えて、女心を崩す

女心がよくつかめない男は、なぜ彼女の心があんなにクルクル変わるのかが、わからないといいます。

しかし、よく観察してみてください。そういう彼女でも、時間帯によって変化するときと、しないときがあるはずです。

女性は一日のうちで、気分が高揚するときと、落ち込む時間があるものです。高揚しているときには〝愛している〟といってみたり、〝嫌い〟といってみたりして、男は翻弄されてしまいます。

たとえば毎回デートの時間が同じだと、常に彼女は、同じ心理状態にいることになります。いつも彼女が〝ノー〟といっているのなら、まずデートの時間帯を変えてみることです。それだけで、〝イエス〟となる場合があります。

また女心がつかめない男というのは、自分の考えを優先させないで、彼女の考え方を大事にしすぎているのです。「モテない男の大半は、女性に遠慮しすぎているからだ」という諺があるくらいです。

女心を崩すには、安心を不安に変えなければなりません。年中同じデートで同じ口説き方では、彼女を安心させると同時に退屈させるだけです。そうではなく、1時間早めるか遅くするか、いつもの場所ではなく、高級ホテルのバーにするとか、変化させることです。

こうなると、彼女のほうが男心をつかめなくなり、不安な心理状態に置かれるのです。勝つか負けるかは、心理戦です。不安になれば、女性は必ずすがりついてくるものです。

〝時間と場所を変えてみる〟。ここから始めましょう。

■今夜から使える心理テクニック 055

顔のどこかに1ヵ所、特徴のある女性に目をつけよう。泣きボクロ、色白、受け口、無口など、なんでもいい。これらの特徴は、男を引きつける撒き餌になっているのだ。ほかの男が気づかないうちに、声をかけよう。

第4章
人相、しぐさからわかる口説ける女性

□眉と眉の間で、その女性がよくわかる

眉は女性の脚を表す、といったら驚くでしょうか？　そうなれば眉と眉の間とは、すなわち女性器を意味するのです。

女性の顔を分析する方法の一つに、逆人相法という見方があります。これは唇が顔、小鼻が両乳房、鼻筋が胴でその付け根がウエスト、そして眉と眉の間が女性器となるのです。

では男の人相はどう見るかといえば、額の中心が顔、眉が腕、小鼻が男性器、睾丸を指すのです。よく鼻が大きい男は精力絶倫といいますが、まさにそうなのです。

だから男はまず自分の鼻の大きさ、色艶《つや》を見れば、自分の性能力がわかります。恋敵《こいがたき》が出てきたとき、相手の鼻が大したことがなければ、最後はこちらの勝ちです。反対に向こうのほうが雄大な鼻の

持ち主なら、負ける確率は高いと見なければなりません。

元に戻って、女性の眉の間がブツブツと荒れていたり、毛が生えている場合は、女性器もさほどいいとはいえません。というより、荒淫か、さもなくば病気をもっている可能性もあります。

やはり、うっすらとうぶ毛が生えているかいないかのような、それでいてふっくらとした肉付きをもっている女性は、女性器も豊かで幸せな性生活を約束してくれます。

初心者の男は顔さえよければ、あちらもいいと錯覚するようですが、そうではありません。顔形も大切ですが、この眉の間こそ実はもっとも注目すべき部分なのです。

□眉と目の間が狭い女性は別れるのが難しい

女性のなかには眉を剃って描き眉にしている人もいるだけに、わ

■ 今夜から使える心理テクニック 056

女を口説くときは「くうどく（食う毒）」のつもりで、近づこう。女とつき合うからには、100％の安全はない。たとえば別れるときは、それなりの犠牲を覚悟しないと、うまくいかない。口説いた責任もあるのだ。

かりにくいこともあるかもしれませんが、あとになって悔やまないよう、ここをよく見ておきましょう。

もともと眉は人間にしかありません。犬や猫にも2、3本はありますが、きれいに揃った眉は人間である証拠であり、それだけに眉毛の美しい人ほど上品であり、ゲジゲジ眉だとか、異常に細い眉だとかは、下品の象徴でもあります。

人間は眉毛と共に進歩していくといってもいいでしょう。だからこの眉毛が上部につき、目と離れていくにつれて、宗教心が強くなります。反対に眉毛が低い位置につき、目と接近するにつれて、物質を求めるようになります。

昔の貴婦人たちの眉は、額の真ん中あたりまで高くしてありましたが、上品さを、その位置によって表わしたのでしょう。それに対して西欧の人々の眉は、目とくっつく程に接近しています。目が奥に引っこんでいるだけ、そう見えてしまうのですが、一般に西欧人のほうがお金にうるさいのも、その位置からして想像できるものです。

そこで女性を選ぶ場合も、あまり目と眉毛が接近していると、金品にうるさい可能性もあります。親しくしている間はよかったが、いざ別れる段になると、法外な金銭を要求される危険性もないではありません。

□目の形でわかる口説いてもいい女性

目は父母の遺伝だといわれています。目が美しく澄んでいる状態を「めいぼう（明眸）」といいますが、こういう女性の父母は、見なくても必ず善人です。目は心の窓といって、心が美しければきれいに澄み、心が正しくなければ、目を上げて相手を正視することはできません。

たとえば、女性をホテルに連れ込もうとする男は、女性を正視し

■今夜から使える心理テクニック 057

目尻や唇にホクロのある女性は、見た目にも淫蕩そうだ。目尻のしわも好色のあかし。もちろん瞳が大きく、受け口のタイプもセクシーだ。口説きの初心者ほど、見た目のセクシーさを頼りに、話しかけてみよう。

ませんし、目がふしぎと血走ってしまいます。だから、女性にその心が伝わってしまい、拒否されるのです。

一般に目が小さい人は、肝っ玉が小さく、大きい人は胆もすわっているものです。男の目が大きければ大きな仕事ができ、女の目が大きければ、外向性で人を疑うことを知りません。だから目の大きい女性ほど、男に引っかかってしまうのです。

これからわかることは、相手の目をじっと真っ直ぐ見る女性は、心が真っ直ぐですから、口説いてホテルに連れ込んで、などという卑しい考えを捨てて、思いきって結婚を前提にして交際するほうが賢明です。

よく〝色目を使う〟といいますが、色目を使うという意味は、横目を使うということです。いい女がチラッと横から目を走らせたとしたら、たいていの男はドキッとするでしょう。

しかし、この色目を使う女性は、心の中で巧妙な計算をしているはずですから、お遊びに口説き口説かれるのはおもしろいですが、絶対に深みにはまり込まないこと。

最高の女性は、目の形がやや細長く、眼尾が少し上がっているタイプです。

□「愛人面」の女性は口説きやすい

恋のベテランは、口説きやすい女性にしか近寄らないのですから、確率は非常に高くなります。

この「愛人面」とは、どんなものでしょうか。

一言でいえば、竹久夢二が描くところの女性像といっていいでしょう。富士額《びたい》で耳が大きく、睫毛《まつげ》が多く黒目がち。肩がすぼんで淋しげに見えます。手足もやや小さめで、男なら肩を抱いてやりたくなるような女、といえば、誰しも一人や二人、思い出す女性がいるのではないでしょうか。

■今夜から使える心理テクニック 058

女性は猫である。追いかけたら逃げるくせに、知らん顔をすると、寄ってくる。捕まえようとすると爪を立てるが、のどをなでれば甘えてくる。女性を口説くときも、あまり必死に追いかけないほうが、うまくいく。

この「愛人面」の女性は、りっぱに成人しているにもかかわらず、どことなく子どもっぽさを残しています。顔にあどけなさがあるか、口のきき方に子どもっぽさが残っているか。それでいて、じっと家に閉じこもるタイプではなく、外出を好みます。

家庭料理をつくったから食べに来て、という女性は結婚向きですが、この愛人タイプは、外食好みで、家で料理を毎日つくる興味はありません。

こういうポイントは、つき合っている間に話題をそちらに向ければ、すぐわかるものです。

バーやクラブで売れっ子になっている女性のほとんどはこのタイプですから、数を見ていくうちに見分けられるようになります。

しかし、何もこの手の女性と結婚するわけではないのですから、敬遠する必要はありません。むしろ積極的に口説いて遊ぶ分には、申し分ないでしょう。

□従順でかわいい女なら「質問鼻」の女性が狙い目

鼻の穴が開いて、上を向いている女性がキミの周囲にいませんか?

実はこの鼻は、日本では「はすきり鼻」といいますが、元来、天の恵みを受けているといわれます。

簡単にいえば、天を向いているのは質問鼻といって、〝それは何でしょう〟となんでも人に聞く性質を示しているのです。

悪くいえば自分の意見がないしるしではありますが、反対に他人の意見をよく聞くということでもあります。よく若い女性で、

「ね、教えて、教えて」

と、なんでも知りたがるクセの人がいますが、鼻がツンと上を向いていて、かわいい感じがするはずです。好きな男だと、特になんでもいうことを聞きます。この鼻の女性は、ぜひ大切にしたいもの

■今夜から使える心理テクニック 059

女性は不安や心配があると、誰かに頼りたくなる。モテようと思うなら、彼女の心を不安定にすればいい。デートが決まったら、彼女の知らぬ街か、繁華街の店にすればいい。こうすれば、必ず最初から腕を組んでくる。

です。

ついでにいえば、鼻の穴の小さい女性はケチで、あまり大きすぎるのはお金が貯まりません。つまり鼻の穴の小さい女性とは、レストランに行く際もそう気にする必要はないのです。

逆に鼻の穴の大きい女性は派手ですから、デートに連れていくコースも、やや無理をして選んだほうがトクです。また鼻の穴はその人の精力を表わしています。大きい人ほど肺活量が強いはずですから、精力もそれに比例するのです。

鼻の穴が上を向いているのは、息が通りやすいので、こういう女性は元気もいっぱいです。

鼻は花なりといい、形がよくてかわいい鼻をもつ女性は、必ず顔も明るくかわいいものです。

□鼻の高い女性は経済的に恵まれている人が多い

日本人は一般に男女とも鼻梁が低く、小鼻も横に広がっている人が多いものです。これに対して、西洋人は鼻が高いのが普通です。これは顔の骨格が違うために起こる現象ですが、ふしぎなことに鼻が高ければ高いほど計算高く、その上自我が強い人が多いのです。

鼻の高い女性は自尊心の強い女性だけに、安っぽいレストランや映画館に連れ込んだだけで、サヨナラをされてしまうでしょう。

クレオパトラの鼻がもし低かったら、世界の歴史が変わった、といわれているように、彼女の自尊心がいかに高かったかわかります。あるいはユダヤ人が金儲けの天才民族といわれているように、鼻の大きい女性は、金銭面でも淡泊ではありません。それだけに、鼻の高い女性とつき合うには、お金をもっていることが大前提です。

■ 今夜から使える心理テクニック 060

男女とも「自分にないもの」を相手に望むものだ。女性が背が低ければ、高い男を求めるし、男が黒ければ、色白の女性を望む。だから婚活では自分に合うタイプが、すぐわかるはずなのだ。ただ美人をさがしてもムダだ。

逆にいえば、鼻が高い女性は金銭的に豊かな家の生まれであることがわかります。通称〝貴族顔〟というように、2代目の顔は、鼻が高くあごがほっそりしてくるものです。食べるのに苦労していない特徴です。

もし貧しい家でありながら、鼻の高い娘であるならば、「ふくまん」といっていいでしょう。必ず後々財産を残します。ただ、鼻にほくろや傷がある女性はやや難があります。お金が入ってもすぐ出ていってしまうタイプと見ていいでしょう。

□「法令線」の深い女性は年をとると意地悪くなる

法令線というシワを知っていますか? 鼻翼の両側から発して、唇の両辺に垂れてくる筋をいいます。なぜ法令というかといえば、法律を守るか守らないかを見る線だからです。

この法令という線は、普通なら30歳頃からできるものですから、これによって年を見分けることもできます。

マンガ家が検事とか弁護士、裁判官、あるいは経理部長を描くときは、必ずこの法令線を入れます。厳格な父親を描くときも法令を入れると、ふしぎにそれらしい父親像になるものです。

ところが女性で法令が深い人は、厳格を通り越して意地悪くなる場合があります。亭主を尻に敷いている妻には、この法令が深く刻みこまれていますから、一度じっくり観察してみるといいでしょう。

しかし、20代の女性に法令線はないじゃないか、といわれる人もいそうです。そうです。そのときはその女性の母親の法令線を見ると、その女性の未来の顔が浮かんできます。

うっかりすると、若いうちは明るいお嬢さんタイプだったのに、年をとるにしたがって、男がしたがわざるを得ない妻に変化していくことも考えられます。

人相は現在を見ると同時に、過去と未来を知ることができる方法

■ **今夜から使える心理テクニック 061**

顔の細長い優男は中年になると、ぐっと老け込むことがある。反対に顔の丸い男は、中年になると、精悍になる。女性はこのことを、よく知っている。だから早いうちに勝負するか、ゆっくりするか、顔と相談して決めよう。

です。口説く前に、ちょっと立ち止まって、いろいろな部位を見るのもおもしろいものです。おもしろいというより役に立つはずです。

要は、人相とは、心の中のものがすべて顔に出ていると思って間違いありません。だから別の言葉では性相学ともいいます。〝性能と性格が人相となっている〟からなのです。

□唇が厚い女性は話すほどに興奮しやすい

よくあの人は派手だ、といいますが、「派手」とは「歯出」と同義語なのです。歯が出っ張っている人は、一般に口が大きく、笑うときは歯ぐきまで見えるほどに笑います。

口が小さい人は、歯も小さいはずです。こういう歯の女性は、「内歯」といって、歯が内のほうに引っこんでいます。この種の人は、何ごとにも控え目で、どちらかといえば無口です。それだけに、口説くのは難しいし、やるだけ損です。

それより口が大きくて唇が厚い女性に狙いをつけたほうが断然トクです。本来、派手で多淫ですから、なるべく話させることです。

映画を観たときなど、黙って歩くより、

「あそこのシーンはおもしろかったね」

「ずいぶん、キミは笑っていたじゃないか」

などと、しゃべらせる方向に話題を誘導するのです。

この種の女性は、話すほどに顔に血がのぼり、興奮すると目が潤み、しきりと唇を舌で濡らすので、怪しく光ってくるものです。

これは発情を表わしている状態ですから、ラクラクと口説けるのです。

できれば上唇より下唇が大きくて、やや受け口になっている女性を見つけることです。愛情と愛嬌の両方を兼ね備えている逸品です。

反対に、上唇が大きく下唇が小さいと、覆舟口《ふくしゅうこう》といって、舟底を上にしたような形になりますが、こういう女性は意地が悪く、運も

■ 今夜から使える心理テクニック 062

男の口ひげは女にとって魅力だ。それは外見がりっぱに見えるだけでなく、くすぐったいとか、チクチクするなど、性的に感じてしまうからだ。もしモテないと落胆しているなら、思いきってひげを生やそう。

よくないので近寄らないことです。

□笑うと歯ぐきが見える女性は誘惑に落ちやすい

男なら〝浮気っぽい女〟を見つけるのは、たやすいことです。逆に〝貞淑な女〟となると、

「いやいや、あんなおとなしい顔しているけど、内心はわからんぞ」

などと、疑り深くなる場合も結構あるものです。

では〝浮気っぽい女〟の特徴はどういうものでしょうか。いうまでもなく、目が大きくて濡れている、唇が厚ぼったく濡れているようだ、肌がしっとりまとわりつくように濡れている、性器がいつも濡れているようだ――というように、特徴は〝濡れている〟ように感じさせられることです。

それだけではありません。髪の毛も、昔からからすの濡れ羽色と

いうくらいです。

では、そんなに濡れ濡れした女性がいるものでしょうか。答えはノーです。だからこそ、たまにそういう女性を見ると、10人が10人〝浮気っぽく〟感じてしまうのです。

しかし、ここでよく考えてみましょう。

要は濡れさせれば〝浮気っぽく〟なるのだとしたら、濡れそうな女性を見つければいいわけです。

その答えはただ一つ、笑うとき上の歯ぐきを見せる女、なのです。この種の女性は誘惑に弱く、それだけに男の数を予想外に知っています。貞操観念に乏《とぼ》しいのです。多くの男を知れば、性的魅力が発達するのは当然でしょう。このタイプの女性は押しの一手に弱いはずですから、男のほうでビクビクせず、体当たりで近づいていくべきです。あっけないほど、簡単に陥落《かんらく》させることができます。

しかし、知っておくべきは、男の魅力で落とせたわけではありません。くれぐれも間違えないように。

■今夜から使える心理テクニック 063

女性を濡らすものは、スピードである。車だけでなく、話し方、決定、行動、すべて同じ。手もはやいほうが勝つ。

□唇が軽く開いている女性は狙いやすい

口を軽く開いている女、たとえばマリリン・モンローの口はいつも半開きでした。この半開きの女性は、自分で無意識のうちに男を誘っているのです。

たとえばストローでアイスティーを飲んでいる。飲んだあと唇を少し開いたままの彼女は、狙い目だということです。

これは動物が性器誇示をするように、人間も本来、ファッションによって疑似誇示をしていますが、それだけで満足しない女性が示す動作、ともいわれています。

少なくとも相手に親密感を抱いている証拠です。なぜなら緊張している相手には、筋肉が張って唇がゆるむことなどあり得ないからです。

男と女のつき合いの第一歩は、女性をリラックスさせることだ、そのためには彼女を笑わせることだ、とよくいわれるのは、その理屈なのです。

唇が軽く開いている女性は、しばしば目もポカンと開いていることがあります。まばたきの回数も減ったように見えますが、これもまた男に引き込まれた状態です。うっとりしている、という表現でもいいでしょう。

こちらの話に引き込まれていくうちに、こういう状態になる女性もいます。話のうまさに陶酔《とうすい》感に陥るわけですが、これは女性の特徴で、男にはさほど見かけません。

テレビ番組でタレントの話に引き込まれて、こういう雰囲気に浸っている女性が結構いるものです。

あるいは数人の女性グループの中には、こういう状態の女性が必ず一人はいるものです。その女性を狙うのです。

■ 今夜から使える心理テクニック 064

「英雄色を好む」は本当だ。色を好むから女性のことがわかるようになり、いい施策が出てくる。くそまじめな男が、国に平和をもたらした例はない。もし大人物になりたければ、色を好むことを恐れてはならぬ。

□唇をよくなめる女性は好色と断言していい

唇をしきりになめる女性がいませんか？　話をしながらかわいらしくチョロっと舌を出してなめるとか、上唇と下唇をすり合わせるようにする女性とか——この種の動きをする女性は、興奮していると見て構いません。

なかにはリップグロスをつけて、濡れているように見せる女性もいます。

唇は第二の女性器といわれているだけに、そこが濡れている、あるいは濡らしたがるタイプは、好色だと断言してもいいでしょう。

赤い色は成熟色ともいいます。赤い唇、真紅のドレス、真っ赤な車などは〝大人〟を感じさせます。しかし、唇と車は濡れて見えますが、ドレスは生地によってはそうは見えないものがあります。

そこで、シルクとラメ、ベルベット類は光沢が豊かだということで、選ばれる対象となるのです。キラキラ光るドレスは、濡れた唇と同一の効果を表わします。

となると、キラキラ光るアクセサリー類を身につけている女性も、興奮タイプと見ていいのでしょうか？　まさにその通りで、興奮したい夜は、特にそれらのアクセサリーで飾り立てます。最近は深夜までクラブが解禁になったので、踊りに行けば一目瞭然でしょう。

もともと上唇と下唇をすり合わせたり、クリームを塗ったりという作業は、唇を充血させることにほかなりません。充血は興奮を呼び起こします。

そのためには、興奮させる話材が前提となるだけに、話の材料を集めておくことも賢明な方法です。

■ 今夜から使える心理テクニック 065

タクシーに乗りたがらない女性は、口説きにくい。それは、遊びなれていないからだ。反対に深夜まで遊ぶ女性は、乗りなれている。一緒に乗ったときのリラックスさでそれを見抜けば、口説くのは、比較的簡単だ。

□あごの張った女性と遊びでつき合ってはいけない

あご（あるいはえら）の張った女性は、一見理屈っぽく遊びに適さないように見えます。ところが、仮装パーティに使う目かくしを使わせると、唇が突き出ていて驚くほど男心をそそります。

私たちはいつも顔の全体を見て、美人か醜女《しこめ》か、かわいいか不愛想かを感じてしまうので、どうしてもあごが発達している女性を見ると、男っぽく感じてしまうのです。顔全体としてはかわいいのに、アイマスクをつけさせると、実に平凡で魅力を感じさせない女性は、全体として整っているだけで、どこか一つ突出した魅力がないということなのです。

あごが張るということは、顔の下方部が発達し、口がよく動き、唇も厚くふくよかで、女性器を想像させることすらあります。事実、えらの張っている女性は昔から名器といわれ、男たちが金に飽かせて探すほどなのです。

人間の機能は、使えば使うほど発達するのは当然でしょう。口は〝朽《く》ち〟といわれて、口をきかなくなったり、満足に食べなくなれば、人間は朽ちるといわれています。あごの張った女性は、もともと口の機能を十二分に発揮させる力をもっているのです。

あごの張った女性は歩きまわるのも活発だとすれば、女性器も発達してふしぎではありません。あごが張った女性は、必ず唇を突き出す形となります。すると受け口になり、キスしやすい唇の形に変わっていきます。

あごの張った女性には、キスをしやすいし、また女性のほうもキスを待っています。面倒な手順は省《はぶ》いて単刀直入に進みましょう。

■ **今夜から使える心理テクニック 066**

女性の額とうなじ（首のうしろ）は、一対になっている。この両方を髪の毛で隠す女性は、本心を隠す傾向にある。反対にここを露出する女性は、強い自信を抱いている。そういう女性のほうが、実は口説きやすいものだ。

□女性の貞操度は耳の隠し方でわかる

目、眉、鼻、口、耳の中で、自分の意志で動かすことができない器官はどれでしょうか。そうです、耳なのです。この耳以外は、誰でも動かすことができるはずです。

これは知恵の発達する過程で人類だけが、耳が頭頂部から側頭部に移ってきたからなのです。ほかの哺乳類の耳は、すべて頭の上部に位置していて、なおかつ、危険を察知するため動かすことができるのです。だから、めったにはいませんが、動かせる耳の持ち主は「動物耳」といわれ、昔から嫌われましたが、危険予知能力は抜群なのです。

つまり自分の意志で動かせない器官ですから、天与のもの、遺伝、父母のたまものといっていいでしょう。そこで耳を見ると、父母や祖先までわかるといわれます。

りっぱな耳をもっている女性は狙い目です。その耳を更に大きく見せようと、大きなイヤリングをしている女性は口説きやすく、反対に髪の毛で耳を隠している女性は、少々身持ちが堅いはずです。

なぜ耳を隠している女性は貞操観念が高いかというと、耳殻は女性器を表わしてもいるからです。女性器を隠し、その上に父母から受けついだものも人前に見せない——堅くて当然でしょう。

それだけに耳をなめられたり、息を吹きかけられて快感を得ない女性はいません。その耳をそっくり見せている女性は、〝さあ、どうぞ〟と誘いを待っているのです。

□彼女の中の「男子面」をチェックする

女性を見るのに「男子面」を見よ、というとふしぎに思うかもし

■今夜から使える心理テクニック 067

まじめ男は、なぜモテないか？　理由は、女性が顔の筋肉を動かすチャンスがないので、無表情になるからなのだ。笑顔ひとつ見せられなければ、魅力の出しようがない。女性には百面相をさせるのが、モテるコツなのだ。

れません。実は、男女の原則にマッチしているか、していないかを見るための基本型と思えばいいでしょう。

もともと男のからだは、外部に現れている部分は力強く大きいものです。顔や手足、肩などが発達しています。頬骨にせよ、顎骨にせよ、がっしりしているものです。これに反して内に隠れている部分、尻の肉、乳房、足のスネや股など、どれ一つをとっても女より小さいはずです。

女性はどうでしょうか。まさにこの反対です。人目につく部分が小さい女性に限って、隠れている部分——尻、乳房、太ももなどが豊かでむっちりしていることは、経験ズミの人も多いでしょう。

これが陰陽の原則です。それだけに「男子面」の女性は、男っぽさをもっているために、男を尻に敷きやすくなります。

「男子面」の特徴は——

（1）髪の毛が硬くて短い

（2）髪の生えぎわが広い
（3）鼻が目立って高く、骨太に見える
（4）首すじが太く硬い
（5）音声が太くにごっている

これらの特徴をもつ女性に似合う男は、女っぽい性格の所有者に限ります。そうでないと、いつかケンカ別れをする日が来るものです。口説くときは女なら誰でもいい、というのでは少々困ります。やはり長つづきし、自分も女性も幸せ感をもてる相手を選ぶべきです。

□見えるからだの部分から、見えない部分が予想できる

たとえば暗闇の祭りが、全国の神社でいまも行われています。

■今夜から使える心理テクニック 068

手を前後に大きく振って歩く女性は、経験が浅い。それは、体が前後にしか動かないことでわかる。経験を積んでくると、ふだん歩くときも、体や腰が横に揺れるようになる。勉強と思って観察してみよう。多分、口説きやすい。

この夜だけは恋は自由とばかり、交歓が盛り上がりますが、顔は見えません。こんなとき、手に触れて人相を知ることもできます。

おもしろいことに、手首の太さの二倍がその人の首まわりになります。中指の先から手首までが、その人の顔面の大きさにほぼ一致しています。

ほっそりとした手首の持ち主は、故にほっそりした姿態の持ち主だとわかります。手のひらの長さが長い女性は、うりざね顔だと推定できますし、手を握ったときにゴツゴツしていれば「男子面」であることも推理できます。

手を握ってすぐ熱くなるようなら、情熱家であることがわかりますし、おそらく小鼻が汗ばんでいることも予想できるでしょう。

それだけではありません。乳房によって鼻の形も推定できます。

両乳房が外側を向いている女性は、鼻が低く、どちらかといえばお母さん顔です。逆に乳首の先がツンととんがって、両乳房が内側に向くようについている女性は、鼻が高く美人系です。

乳首が外側を向いている女性は日本的、内側を向いている女性は西欧的なスタイル、といってもいいでしょう。

尻の肉が下がっているようなら、顔も全体に鈍重でふっくら気味です。このように顔をまったく見なくても、からだの各部位に触れることで、はっきり知ることができるものです。

「しかし、いつだって顔が見えているじゃないか」というのは誰ですか？　暗闇祭りでなくとも、整形している女性がたくさんいるではありませんか。その本当の顔を知ることも必要ではないですか？

□長い髪の女性は口説きやすい

男でも女でも、一般に長い髪はロマンチストの象徴です。男の文士・作家に長髪が多いのは、それだけ小説というものがロマンを綴《つづ》るものだからです。

■ 今夜から使える心理テクニック 069

男でも女でも、待っているだけでは、いい相手は現れない。だが自分がハンターになれば、相手を追えるし、追いつめられる。自分が獲物になるのではなく、相手を獲物化すれば、いくらでもモノにできる。

髪の長い女性は、いつでも髪をかき上げたり、触れたりします。女性の髪の毛は性的な器官であって、男になでられると、性的快感をもつ女性が多いでしょう。

色気も短めの髪より、長めのほうが出てくるもので、だから戦争が起こると、どの国でも女性のロングヘアを禁止、あるいは、できるだけ短くしようとするのです。

短めの髪型の女性はキャリア志向に見えるため、男も口説きにくいところが出てくるはずです。女子学生はまだ社会で仕事に就いていないだけに、ロングヘアが多いのです。それだけ純粋にロマンチックだといえるでしょう。つまり、口説きやすいのです。

□下を向いている女性は実は刺激を求めている

人間は誰でもクセがあります。唇をなめるクセ、髪の毛を引っ張るクセ、手をヒザの上でモジモジするクセ――これらは色欲が出てきたときのクセです。

ロマンチックな映画を見たあと、一人で歩く女性、男に寄り添うようにしなだれかかる女性、指をからめる女性、男の腕を抱える女性……いろいろなタイプがいます。

これらは、ある衝撃が行為に出ているものであり、ふしぎなものでクセとなって表れるのです。

昨日指をからめた女性が、今日はしゃっきり歩くということは、めったにありません。知らずしらずのうちに同じ動作を繰り返してしまうのです。

そこを男は注目するといいでしょう。同じ会社の女性を口説きたいとすれば、彼女がどういう刺激のとき、どういう動作・反応をするかをあらかじめ調べておくのです。もっとも激しい反応を表わすものは何かを知っておけば、1回目のデートで、早くも恋人同士のように親しくなれるでしょう。

■ **今夜から使える心理テクニック 070**

からだが硬い、表情も硬い、受け答えも硬い女性を口説くのはむずかしい。5本の指が反り返り、体が柔軟で、笑顔も柔らかい――そんな女性なら、意外にたやすいだろう。

そこでふだん、その女性は顔をどこに向けているかを調べます。真っ正面を向いているか、上を向いて遠くを見ているか、うつむいていることが多いか——真っ正面を見ている女性は、何かにつけて常識的でおもしろみに欠けます。

遠くを見ているような女性はロマンチックなタイプですから、それを心得て、それに類した刺激を与えること。

いつも下を向いている女性は、心根は大胆ですから、刺激的な映画、演劇、クラブに連れていくと、びっくりするような積極的な行動に出てくる可能性があるのです。

□手の動きで彼女の本音が見えてくる

ウソをついている人は、必ず手が顔にいく回数がふえます。まずウソをついていることで汗が出るから、それを拭うためです。ウソ発見器の原理は発汗で見破るくらいですから、普通の人間で平静でいられることはまず、ありません。

もう一つ、そのウソは、話す器官である口から出ていますから、口を押さえるようにするはずです。本当の感情を知られたくないからです。

女性はウソつきの天才です。涙はいつ何時でも自由に出せるといいます。劇団の演技試験で、涙を出すシーンは女優志願者にはさせないといわれるのも、それだけはたくまずとも誰でもできてしまうからでしょう。

しかしそれでも、手だけは無意識のうちに顔に動いてしまうのです。

「来週きっと電話するわ」

「私、あんな男は大っ嫌い！」

特に〝きっと〟〝必ず〟〝絶対〟〝今度こそ〟などという言葉が出てくるようなら、手の動きに注目する必要があります。

■ 今夜から使える心理テクニック 071

よく「色目を使う女」という表現が出てくる。これは横目を使う女を指す。チラッと斜めから目を走らせる女性は、男に興味を持っている証拠だ。口説きやすいが、したたかでもある。初心者は気をつけよう。

また、手で髪の毛をいじるクセをもつ女性がいます。これはズバリ口説ける女性です。

元来、女性の毛は、性的な部分を隠しているものといっていいでしょう。腋毛も陰毛もそうですが、髪の毛も、耳という性的部分を隠しているのです。

その髪の毛をいじるというのですから、発情しやすいタイプと見て間違いありません。押しの一手でいけるでしょう。

□乳首の小さい女性は性急にコトを運んではいけない

乳首が大きいか小さいかを見分けるのは、難しいかもしれません。しかし乳首が小さい女性は、乳房そのものが小さいし、からだも小柄な女性が多いものです。

夏に薄いスーツを着ているときに、目で判断できるはずです。こういう女性はからだが未発達で、子どもっぽいだけに、あまり性急にコトを進めようとすると、仕損じることがあります。

むしろ、よき友だちでいるつもりのほうが、うまくいく可能性があります。

乳首が小さい女性は妊娠しにくい、といわれます。なぜなら、赤ちゃんが吸える乳首の大きさがないと、赤ちゃんが育たないからです。造化の神はそのところをよく考えているのかもしれません。

彼女には、ままごと夫婦的なやさしさが必要になってきます。

□声の質、話し方一つで女心が手にとるようにわかる

「考えない人の手段は、絶え間のないおしゃべりである」というフランスの諺があります。

キミの彼女はどうでしょうか？　おしゃべり好きはけっして悪く

■今夜から使える心理テクニック 072

女性は天使と悪魔を同居させている。上品と下品も同居させている。女性はいわば、バイリンガルだ。そうだとすれば、みだらな上流夫人に狙いを定めたほうが、男としては面白い。情報を集めて、集まりに出てみないか。

ありませんが、ひっきりなしにしゃべっているのは、頭の中身が疑われます。

人間は誰しも自分をよく見せようとします。だからこそ、男でも女でも外見を整えます。外見だけ整えたのでは少々足りませんので、会話で自分をよく見せようとします。しかし、その会話が大した内容ではなく、それも、

「ねぇねぇ、聞いて聞いて」

の連続では、教養がないと判断されても仕方がありません。

それでも〝遊び〟と割り切ってつき合うこともあるでしょう。インテリジェンスに欠けても、つき合うには楽しくて明るい女性のほうが、胃に（？）もたれません。

そんなときは、平静な声でずっと話しつづける女性より、話のテンポが激しく変わったり、声の音域が高くなったり低くなったりする女性のほうがおもしろいはずです。つまりその女性は、内心の興奮が声に出ているからです。

軽いというか、気軽というか、少々享楽的なタイプと考えていいでしょう。しかし金切り声の女性は嫉妬心が強いので要注意。逆に声質の低い女性は、男っぽい性格です。

近頃の女性タレントは、あとからあとから内容のないおしゃべりをしていますが、そういうタイプのほうが人気があるものです。物静かな淑女タイプは意外に恋人ができないといわれるのは、おしゃべりという有力な武器を使わないからでしょう。

□気をつけたい彼女の一言

キスをしただけで、

「もう私、あなたから離れられないわ」

と、オーバーにいう女性もいます。こういう女性は肉体関係を結ぼうものなら、

■ 今夜から使える心理テクニック 073

「あなたのものになりたい」「好きにして」――女性は好きな男に、自分の身も心も独占されたがっている。あとはキミが、独占する強い意志と行動を示すだけだ。

「私ってもうあなただけのものなのね」

などと、古典的な表現を用いてきます。

こういう古臭いものを引きずっている女性からは、なるべく早く逃げ出すほうがいいでしょう。

「あなただけのもの」とは、裏を返せば「私だけのもの」という意味でもあります。それだけに独占欲も強いし、嫉妬心も強いといえます。疑心暗鬼にもなるので、なんとなく暗い関係を続けなければならなくなります。

こういう女性は、2、3回デートをしている間に、なんとなくわかるものです。

「あなた、この1週間ほかの女性に気を移さなかった?」

などといわれて鼻の下を伸ばしているようでは、被害者になる資格は十分です。

□恥ずかしがり屋の女性は感度がいい

〝恥ずかしい〟と思うと、急に顔がほてってきます。つまり恥ずかしがり屋は、いつも血液循環がいい女性なのです。

こういう女性は、一つの話題、一つの行動に顔を赤らめるだけに、相手の男側も楽しい気分になっていくもの。

その初々しさは、少々男を淫らな気分にさせます。とはいっても、男に不慣れな女性というわけではないので、露骨な話をしても怒る代わりに恥ずかしがるだけで、実に心楽しいデートができます。

この種の女性は絶対に離したら損です。初老の男などは、若々しさを甦らせることもできるので一石二鳥。

もしホテルへ一緒に行ける仲にでもなったら、最高の女性といえるでしょう。

■ 今夜から使える心理テクニック 074

「キスをするとき、目を閉じない女を信用するな」という金言がある。男の多くは目を開けているだけに、目が合ったら、気まずい思いになる。それより、他の男と比較されているようで、オチオチ楽しめない。

□教養ある上品な女性ほど文化的な男に弱い

地位ディスプレイという言葉があります。人間は誰でもその地位を誇示《こじ》する習性があるもので、高いポジションになればなるほど、タクシーでも黒塗りの車に乗り、いい服装をしたがるものです。

反対に、いつも大きなカバンに資料を入れて持ち歩いているサラリーマンは、いつまでたっても、その位置から抜け出せません。

これは顔つきにしても同じことです。いつも命令を下している人間は、そのような人相になり、常に命令されている側は、臆病な顔になっていくのです。

女性もそうで、高慢そうな顔をしていて、貧乏のどん底にいることはありませんし、なんとなく卑屈な人相をしていて、大金持ちであるはずもないのです。

それだけに高慢そうな女性は、卑屈そうな男とは絶対つき合いません。貴族的な高い鼻、聡明そうな額の女性を口説くには、それなりの教養武装が必要です。

ワルイ男たちは、このスタイルで女をだましつづけてきました。あんな教養のある上品な女性が、どうしてあんな男に、というケースは、ほとんどこの手でだまされているのです。

時代が変化すると、芸術家スタイルが医師スタイルになったり、大学教授スタイル、タレントスタイルに変化するだけで、その基本は文化と教養の匂いを発散させることにあります。男を小バカにするような女性には、特にこの文化・教養武装が必要です。

□振り返って確かめる女性は疑い深い

男にとって女のイヤなしぐさといったら、混んだ電車の中で、背

■ **今夜から使える心理テクニック 075**

秘密を守ろう。職場の女性の場合には、周りに疑われない細心の注意が必要だ。その慎重さを最初から見せれば、それだけで彼女は、キミを信頼し、心を預けるだろう。

中を押すか押さないかぐらいのときに後ろを振り返られ、じっとこちらを見られることです。いかにも、

「あなた、混んでるのをいいことにして、私に触ったわね？」

と、いわんばかりの顔つきです。

こちらは疑われては大変だと、なんとか彼女から逃げようとしますが、混んだ中では努力も空しく、背中がぴったり密着してしまうこともあります。

このように混んだ電車の中でなくとも、何かの拍子に、振り返って確かめる女性がいるものです。中には一緒に歩くのが怖いのか、一足先に歩いて、ときどき後ろを警戒する女性もいますが、こういう女性とはつき合ってはいけません。

ことに結婚生活に入ったら、疑われる材料がいろいろ出てきて、男は疲れきってしまうでしょう。

後ろをふり向くと、顔と目は斜め下から上を見ることになり、ちょうど女同士が足元から頭のてっぺんに視線を走らせる、あの視線と

同じになって、気分のいいものではありません。

これと同じクセで、首をちょっとかしげて話を聞く女性がいます。非常に愛らしく見えて、男心をソソリます。しかし、首をかしげるクセは、首すじの骨が弱い人に多いので、後々病気をする危険性もあります。

恋愛はやはり健康な心と精神のもとで行いたいもの。その辺も気をつけたほうがいいと思います。

□タバコを吸う女性には大胆に迫れ！

タバコを吸う女性は、現在10人中1人くらいの割合ですが、吸わない女性より成熟型が多いといわれます。コーヒーも同じです。これら興奮性の嗜好品を好むか、あるいは味に非常にうるさい女性は、男の好みもうるさいタイプなのです。

■今夜から使える心理テクニック 076

明るくてさっぱりしている、1人で放っておいて大丈夫、わがままをいわない——これこそ、男が求める究極の女性像だ。このうち、最低でも、1つはもっている女性を見つけて口説ければ、キミはこの世で最高に幸せだ。

性的に淡泊な女性は、何ごとにもアッサリ型で、食事にしても肉を主体にしたコッテリ料理は苦手でしょう。逆に性的に激しい女性は、食事もフランス風の濃厚な料理が好みで、デザートでのコーヒー、タバコが何よりの楽しみというように見受けられます。

それだけに、タバコ好きの女性には、少々大胆に迫ったほうがいいでしょう。キスもディープキス大いに結構です。

もともと早く大人になりたい気持ちがあったからこそ、タバコの味を覚えたのです。少女のままでいたいとしたら、酒、タバコ、コーヒーなどの味は禁断の実のようなもので、それだけに男との恋も同じことなのです。

ところが禁断の木の実を一つ食した女性は、次々と食べる羽目に陥っていきます。タバコは最初の木の実であって、それ以後の成熟度をよく見きわめることが大切でしょう。

第5章
彼女が待てなくなる誘い方

□自分の本音を彼女だけに、そっと伝える

「彼ってフケツ」

「あの人ったらイヤラシイ」

女性グループの会話でこういわれたら、そのグループの一人を口説くことは、まず無理です。よしんばその彼女がキミに好意を抱いていても、グループを裏切ることになるからです。

女性たちに嫌われる男の決定的な欲望は、３つあります。

（1）女の裸を見たい欲望
（2）女の肌やからだに接触したい欲望
（3）露骨な会話をしてみたい欲望

それも一般の男たちは、この欲望を大勢の女性の前で吐き出したいという、困った性癖の持ち主です。

多くの女性は、そういう男たちを欲情の塊だと錯覚してしまうのです。軽蔑されてから〝男というのは誰でもそうなんだ〟と弁解しても遅すぎます。

ところがどうでしょう。1対1のときにこの3つの行動を起こせば、女性はむしろ興奮するはずです。女の達人は、実はこの心理を利用して巧みに女をモノにするのです。

たとえば、大勢の前でセックスの話をしてイヤがられている男がいるとします。そのときキミは、好意を抱いている女性に、ささやくように、

「ほんとはボクもああいう心理あるんです。おかしいですか？」

じっと彼女の目を見て、いってごらんなさい。

必ず彼女は、キミに特別な感情を抱くはずです。母性本能を強く刺激する高等技術です。

■ 今夜から使える心理テクニック 077

女性は1人より、仲間と一緒のときのほうが、リラックスする。1人のとき口説けなかったからといって、がっかりすることはない。今度は仲間といるとき、そっとささやいてみよう。意外に優越感からOKする。

□「危険な匂い」で彼女のその気を誘う

私の知人は女性とデートをするたびに、交際カードというものに、細かくメモする習慣をもっています。

日付けと時間、場所、彼女の服装（上衣とスカート類・靴）、身長、髪型、肌の色、持ちもの、職業などはもちろんのこと、どういう話をしたか、手を握ったか、キスをしたかなど、驚くほど克明です。

彼は、どういう女性なら何回ぐらいで陥落するかわかるようになる、と豪語していますが、たぶんそうだと思います。データが細かく分析されているのですから、ネットにインプットもできるでしょう。しかし彼は慎重で、落としたときのことを考えて、スマホには入れていません。

普通、彼女とカフェで話題にすることは、

「何かおもしろいことない？」

などですが、しかし彼は違います。彼女に向かって真剣に、

「最近、何か燃えてること、ある？」

こう聞くのだそうです。〝おもしろいこと〟より〝燃えてること〟のほうが、男と女を感じさせるからです。

「すごく燃える恋、してみたくない？」

だからすぐ、こういう話題にもっていくこともできます。〝おもしろいこと〟と聞く男は彼女といい友だちにはなれますが、危険な恋愛関係には入れません。

ところが女の達人は、彼女に〝危険な匂い〟をかがせるのです。ポケモンＧＯの「おこう」のようなものです。

キミも今日のデート相手からカードをつくりはじめませんか？確率は倍増するはずです。

■ **今夜から使える心理テクニック 078**

メールでも手紙でも、電話でも同じだが、いっぺんに言おうとしてはならない。手紙にも「追伸」があるように、メールでも電話でも、つづいてもう1度「愛している」という言葉を発しよう。2度に分けると、心に強く食い込める。

□育ちのいい女性ほど、素直な行動に出る

せっかくいい仲になったのに〝なんだ、こんな女だったのか〟と後悔するようでは、まだ達人とはいえません。

この女性ならきっとすばらしいに違いない、と前もって確信を抱くには、どこを見たらいいのでしょうか？

声の質と食べ方、それに友人関係の3点を見ることです。

声というのは家柄を表わします。貴族階級になるほど、男も女も声質が高くなり、つやがあるものです。反対にガラガラ声は出が低いといわれ、品性に欠けていることが多いものです。タレントの声質を聞くと、ふしぎにわかるものです。

食べ方は育ちを表わします。

育ちのいい女性ほど遠慮しませんし、優雅に口に運びます。どん

なに美しい顔立ちでも、食べ方が下品なら、育ちが悪いと断定していいでしょう。

そのうえ食べているときは、会話が重要なだけに、その内容からも一発で見抜けるものです。

友人関係はその人の格を表わします。前の2点が親から受けついだものとすれば、友だちは自分自身を映し出す鏡といっていいでしょう。

この3点が合格なら、その女性を絶対に放してはいけません。二度とそんな宝ものは見つからないと考えるべきです。

私たち男も、つき合っている女性の種類で、よくも悪くも変化するもの。それだけにより上質な女性を見つけ、口説くことです。それにはこの3点をポイントに、いまつき合っている女性を再点検してみることも必要です。

■今夜から使える心理テクニック 079

口説きで最悪なのは、モノにしたはいいが、自分が下品になることだ。男と女の仲は上品にも下品にもなるだけに、失敗してもいいくらいのつもりで、目標を上に置こう。

□何度も髪に触れるのは前に進みたい彼女からのサイン

私が見ていて、〝惜しいなァ、彼女はいま興奮しているのだから、肩を抱いてホテルに連れ込んでしまえばいいのに〟と、思うことがあります。

彼女が性的に刺激を受けているのを、男はわからないのでしょう。これでは、せっかくのチャンスも台無しです。自らモテる好機を逸していることになってしまいます。

髪の毛を何度も触る、唇を舌でうるおす、指輪をいじくりまわす——これらの動作は、すべて興奮を抑えるしぐさなのです。

あるいはじっと男の目を見つめる、突然、視線をはずすときもそうです。目の下がピンクにふくれる、手のひらが汗ばむときもチャンスです。

手を握るときも、握手をするのではなく、彼女の指を、一本か二本だけ握りしめること。そのままじっとしていれば、ＯＫのしるしなのです。

興奮しやすい女性は、ふしぎと耳の位置が上のほうについています。これは進化の度合いで、まだ動物的、情熱的感覚が色濃く残っているからなのです。

彼女の掌も見てみましょう。小指と薬指の付け根から、人差し指と中指の付け根にかけて、半円型に筋がくっきり出ている女性は、セックス好きです。ベッドで乱れるタイプなのです。

この種の、女性のからだに表れる徴候を見逃がしていたのでは、いつまでたってもモテる男になれません。モテる男は、確実にチャンスをモノにしているのです。

■今夜から使える心理テクニック 080

キミの指で飴かガムを、彼女の口に入れてあげよう。このとき、指も一緒に、さっと口中に入れるのだ。その指を咬むようなら、彼女はすでに興奮している。

□彼女が思わず信じたくなるウソのうまい使い方

レディキラー、女殺しといわれるような男たちは「ウソつきの天才だ」という諺があります。もう飽きているにもかかわらず、〝愛しているよ〟という言葉を平気でいえる人種です。

しかし、実際に、そんな男たちに話を聞くと、男と女の間には、いっていいウソと、いってはならないウソがある、というのです。

妻がいながら独身を装うウソは、唾棄すべきで、男の恥だといいます。その代わり、女性の愛を得るために、しょんぼりする、お世辞をいう、やさしい言葉をかける――この種のウソは、大いに試みるべきテクニックといえるでしょう。

たとえば女性は〝数字〟をいわれると、ウソを本気にしてしまう性質があります。

別れたい女からデートの電話があったとき、ただ逃げようとしても難しいもの。そのとき、「それじゃ明日、午後5時半に○○喫茶で」といって、とりあえず逃げを打つと、女性はそれを信じてしまうのです。時間が入っているので、信じるのでしょう。

ワルイ男はここを悪用して、

「2ヵ月後に遺産が500万円入る。10月1日には返せるよ」

などと女性をだますのです。2ヵ月後、500万、10月1日という数字が魔力なのです。

キミも彼女にこういってごらんなさい。

「来年の4月には係長かナ。月給も2万円アップするだろうから、50万円ぐらいのダイヤの指輪なら買えるようになるよ」

ウソが現実となるように、張り切って働けば、彼女も大喜びするでしょう。

■今夜から使える心理テクニック 081

女性は話の中に数字を入れると、信じる習性がある。「オレの月給は100万くらい」というと、目を輝かせてしまうのだ。悪い男はこれで騙す。だがキミは、約束の時間などをはっきりいうことで、信頼を勝ちとろう。

□壁ドンで逃げられない状況をつくる

女性とキスをするときは、壁ぎわに押しつけてせよ、という名言があります。

「壁があったので逃げられなかった」という言い訳を、女性にさせるためです。これが「壁ドン」の原型です。

避けられない、逃げられない状況に精神的に追い込むことが大事なのです。

女性はそういう言い訳をいいたくてウズウズしているのですが、女性に未熟な男には、それが見えないのです。

たとえばレストランで、真ん中に席をとったらどうでしょう。恋愛感情が湧くでしょうか。答えはノーです。反対に、窓ぎわの席に座るだけで、「ああ、私この人の恋人になったみたい」となるのです。

精神的に〝恋人〟にさせられたことに、彼女はうっとりするわけです。

その席で、ビールを飲むかワインにするかだけでも、大違いです。ワインなら彼女は、恋愛の雰囲気に酔うでしょう。

また対面式の席より、横に二人並んだほうが彼女に触れやすくなります。肩やヒザに触っても、「逃げられなかった」と彼女は言い訳がしやすいのです。

女の達人になる近道は、このようにデート相手の女性を心理的に追いつめて、最後の勝利を得るよう、さまざまなテクニックを使うことにあります。

最後にバーにせよレストランにせよ、帰りは階段を降りる店を選べば、彼女に腕を貸せるでしょう。

腕を組めば彼女は、いっそう縛られて逃げられなくなるはずです。キスはもう目の前です。

■ 今夜から使える心理テクニック 082

女性は男の「忙しくて恋するひまもない」という言葉に、強く惹かれる。「忙しい」で優秀だと錯覚し、「恋する時間もない」なら、私が恋人になってあげる、という気になるからだ。ウソだと思って使ってみよう。

□生まれた季節で口説き方を変える

キミの彼女は春夏秋冬、どの季節の生まれですか？　ふしぎなことに、一般に夏に生まれた女性は活発ですが、秋から冬生まれの女性はおとなしく、淋しい感じに育ちます。

つまり、誕生月で、その女性の性格を知ることができるのです。

〝3月生まれの浮気娘〟といわれるのは、春情をもよおす季節の生まれであることと、早生まれのために、小学生時代から1歳年上の仲間とつき合っているからなのです。

だから、食事1回、プレゼント一つにしても、堅実派か、ムード派かを見きわめるヒントにすべきでしょう。

誕生月がわからなくても、親が季節などを子どもの名前に織りこむことがあります。「百合」なら初夏、「涼子」なら盛夏、あるいは、

「日出子」は明け方生まれで活発、「夕子」なら淋しげな子と推理できます。

また一般に〝子〟とついている女性は、少々堅いはずです。「元子」「則子」「節子」「正子」などの父親は警察官か裁判官かもしれません。

それに対してカタカナ、ひらがなの名前、たとえば〝ありさ〟〝らん〟〝ひとみ〟などやや派手めな名前は、比較的オープンなタイプの女性に多いはずです。

また、自分で自分の名前をいう女性――

「マユコってダメなの、淋しがり屋で」

こういう女性は〝口説かれやすい〟ものです。甘えさせてくれる男を彼女のほうで待っているからです。

女の達人はこのように、誕生月、名前、口のきき方など、小さいことからでも、口説ける確率を計算するから強いのです。この上、彼女の生まれた土地柄も加えれば完璧です。

■ 今夜から使える心理テクニック 083

口説き上手は、いつの間にか、彼女の名前を呼んでいる。“○○さん”と姓で呼んでいる間は、なかなか心を開いてくれない。1度名前を呼んで、いやがらないようなら、モノになるのは、時間の問題だ。

□いざとなると女性は、驚くらい大胆になる

いざとなると、女性はとんでもない図太い神経を表わします。オープンな関係とはいえない彼女と歩いていて、知人と出会ったときなど、男は心の動揺が顔に出てしまいますが、女性は平気です。

「いまそこでばったり会ったの」と、顔色ひとつ変えません。

浮気がバレたときも、真っ青になっている男に、「いまさらビクビクしても、仕方ないじゃないの」と、逆に居直る強さをもっています。

たいていの男は、そこで初めて女の怖さを知るのですが、そのときはもう、その女性と別れることもできず、女性のいいなりになってしまうのです。

でも、そんなことでは女の達人になれません。女性は何か不測の

事態に相対したときには開き直るものだ、と知っておくべきであり、それを利用するずるさを、男ももつべきなのです。

たとえば、挙式の決まった女性は口説きやすいものです。最後に一度浮気をしたい、と思うからです。

同じように、通夜の晩がチャンスだといわれます。女性は喪服を着ると図太くなるので、そこを狙うのです。

彼女とキスや抱擁をするときも、わざと大勢の前でやる方法もあります。〝どうせみんなに見られたのだから〟という居直りの心を、男の側からつくらせるよう仕向けるのです。ここが達人のテクニックです。

一度彼女を、和風料理屋の個室に連れていってごらんなさい。それだけでＯＫの場合があります。畳と座ぶとんで膝を崩すと、彼女はどうなってもいいと開き直るからです。

■ **今夜から使える心理テクニック 084**

近頃「浮気したい」というサインを送る女性がいる。だがそんな誘いに乗ってはいけない。タダには裏があるからだ。自分の力と魅力で女をその気にさせるのが、男のルールではないか。するのを目的にしてはいけない。

□なにげないやさしさが彼女の心を開く

手は彼女に、愛情や好意をダイレクトに伝える大切な道具の一つです。介抱したり看護するのを〝手当て〟というのも、一生懸命に治そうとする気を伝えるからでもあるのです。

だとすれば、言葉だけで女を口説くのは難しいでしょう。外国の映画では、ヒロインが椅子から立ち上がろうとすると、男が急いで椅子を引きながら、そっと彼女を支えるシーンがよくあります。

エレベーターに乗るときも、なにげなく手をとって支えてあげるようにしましょう。話をするときも、身ぶり手ぶりを加えます。これこそ達人の手の使い方です。

「オレにはそんなキザなことはできない」というなら、初心者の男向きとして、マジックでも手相でも構いません。

高等技術としては、初対面のときに純情そうに見せるために、手と手をモジモジ組み合わせることもできます。

指が長いなら、それを誇示したほうがいいでしょう。経験のある女性は、セックスとからめて想像するからです。

このように女の達人になるためには、〝服装、お金、押し、流暢なおしゃべり〟といわれる一般的なモテ条件だけでは不足です。手なら手を徹底的に利用する方法を考えるべきでしょう。それでこそドン・ファンと呼べるのです。この章で、キミをその域まで到達させてみせましょう。

□ちょっとした共通点で彼女と打ちとける

誰でも同郷とか、同じ学校を卒業したとなれば、グッと親近感を増すものです。ことに男女の仲はふしぎなもので、一つ共通点があ

■今夜から使える心理テクニック 085

男と女の欲情は、二人の皮膚の接触から生まれる。口でどう口説くかより、手でも腕でも、肩でもいいから、彼女とどう接触するかを工夫するほうが、はるかに早くうまくいく。

るだけで、会って1時間もたたないうちに、恋人のような気持ちになることさえあります。

下手な男は、女性に住んでいる場所を聞いてから、〝あっ、ボクもそっちだから送っていこう〟などと、ミエミエの下心を見せるので、一発で断られるのです。

女の達人になるには、まず会話の中から情報を選別し、それを頭にインプットしておかなければなりません。

たとえば、話を交わせば、言葉のアクセントで出身地がわかるかもしれません。名前で何月生まれかも推測できるでしょう。「かえで」「あき」などという名前なら10月か11月生まれの可能性が大きいでしょう。「菜生子」なら3月、という具合です。

顔つきが明るいか、態度がおとなしいかでも、春か秋かの区別はつきます。何も彼女にいちいち聞かなくてもいいのです。

たとえばカマをかける手もあります。〝今日は早く帰れよ、お父さんが心配するぞ〟といってみるのです。

彼女の答えは次のように分かれるでしょう。

（1）この時間だったら、まだ帰ってない
（2）独り暮らしだ
（3）叱られてしまう

これで家庭環境が見抜けると同時に、共通点がわかります。なければつくるのです。生まれ月が同じでも、父親の職業が同じでもいいのです。そこで彼女は急速に親しみを感じてくれるでしょう。これが達人のテクニックです。

□強引に引っ張るか、ムードで迫るか

女性をモノにするには、結局、二つしか方法はありません。とこ

■今夜から使える心理テクニック 086

女性は、男より生まれた星座通りの性格が多い。だから双子座、蠍座、魚座の女性は比較的口説きやすい。また夏生まれの女性は明るいタイプが多いので、つき合いやすい。

とんムードを盛り上げて、彼女をその気にさせるか、あるいは強引に引っ張っていくのか、のどちらかです。

達人は、この女性ならこっちの方法がいいナ、という確かな観察眼を働かせ、失敗しないのです。

一般の男たちは、自分の性格から、どちらの方法でいくかを考えてしまいがちですが、実はそれは間違いなのです。

たとえば、臆病でマジメで実直な男だとします。この男がムードを盛り上げようとしても、できるはずがありません。あるいはまた、強く出る勇気もないでしょう。

これではいつまでたっても、女性との関係は進展していきません。ここで考え方を逆転させて、女性がどっちのタイプかを観察するのです。

たけしとさんま、どちらが好みかを聞いてみましょう。

「たけし」といえば強引にいきましょう。「さんま」といえばムードでいくのです。

もちろん、これだけでは失敗の確率は高いかもしれません。しかし話をしていくうちに、彼女の性格は必ず表れるものです。

ムード派は「愛している」という言葉がお好みですが、強引タイプの女性は「オレ、キミが好きだよ」というヤクザっぽい表現が、グッとくるといいます。

問題は、総合的に観察して、やさしくいくか荒々しく行動するか決めることです。けっして中途半端はいけません。キミに必要なのは、観察眼と度胸なのです。

□拒否の言葉には、もう一つの意味がある

「イヤ」「ダメ」「ヨシテ」「ヤメテ」という女性の否定は、はたして心から拒否しているのでしょうか。

これを軽い否定から重い否定順に並べてみるとどうなるでしょう。

■ **今夜から使える心理テクニック 087**

誰だって、つき合う相手を間違えることがある。うっかりムードに乗って口説いたり、あるいは口説きに乗ってしまう。それでも、すぐ別れないで、どこが合わないのか、合わせられないかを学ぶと、失敗がぐっと少なくなる。

わかりますか？　実は次の通りの順序になるのです。

「イヤ」とは「嫌い」ということです。これは純粋な否定語ではなく、そんなことをしたら嫌いになる、という予備信号なのです。嫌いになるかどうか、男なら試す価値は十分です。

「ダメ」というのは、倫理的な否定です。処女や人妻が発する言葉でもあります。

しかしこの言葉はズルズルと深みにはまる危険性のあるもので、こういう言葉を常に口にする女性は、簡単に落ちるものです。

これに対して「ヨシテ」「ヤメテ」という表現には、どこか男を軽蔑《けいべつ》した響きがあるのがおわかりでしょう。たとえば「ヤメテ」といっている女性をモノにしても、心の中で憎しみをもたれてしまいます。「ヨシテ」も同様です。

ことに、この2語に〝よ〟という語尾がつくようなら、けっして触ってはいけません。「ヨシテよ」「ヤメテよ」という表現には、男に抵抗する強い意志があるからです。

女の達人はこの拒否言葉を、女性にわざといわせるように仕向けるのです。彼女がそのとき、「イヤ」というか「ヤメテ」というか、それによって積極的に出るかどうかを決めるから、ヤケドを負わないのです。

□あえて口に出さない男に女性は惹かれる

「an・an」という女性誌で〝男は何にも女の気持ちがわかっていない〟という特集号を出したことがあります。この雑誌は男の深層心理やセックス行動などをよく特集します。

それを丹念に研究してみましたが、結論からいうと〝わかっていても、口に出さない男〟が最高のようです。

生理中の女性はわざわざ、

「今日は具合悪そうだからデートやめようか」

■ 今夜から使える心理テクニック 088

「男は女のまなざしで欲情し、女はその男のまなざしに身を任せる」という言葉がある。"目は口ほどに物を言い"というのは、これを指す。今日から目に感情を込める練習をしていこう。

などと、口にされるのはイヤだというのです。たしかに近頃の男たちはやさしくなり、自称女性評論家がふえたせいか、いかにも〝キミを理解している〟風を見せたがります。

しかし、女の達人なら、わかっていても、わからないふりをしてあげることも大事なのです。ストッキングが破れているのに気がついても、知らんふりをしてあげるほうがいい場合があるのです。

たとえば無理にキスをしてしまった。怒った顔をしている彼女に〝ごめんね〟と謝るのは、素人だということです。怒っていることに気づいても、そこで詫びては、女性は本気で男を許せなくなってしまうかもしれません。

それよりあとで家に帰ってから電話するとか、読んでほしい愛に関する本を送るとか、やり方はいくらでもあるでしょう。

メールで〝ごめん。愛している〟という文面を送ったとしたら、最高の迫り方です。

デートのときは、その日のうちに全部を仕上げようと焦ってはいけません。わかっていても、あとで考える問題を一つだけ女性に残すのです。女性はそれを一生懸命考え、次のデートではからだをまかせるかもしれないのです。

□女性の言葉や態度を鵜呑《うの》みにしてはいけない

女性はかわいくて恐ろしい動物だ、といわれます。男と違って二面性をもっているということです。〝内面女夜叉《にょやしゃ》〟という言葉もあります。表面は美しいが、心の中は夜叉のように恐ろしい気持ちを抱いている、ということでしょう。

女性扱いの下手な男ほど、恐ろしい目に遭うものです。ようやく思いを遂げたら、大金を要求されたり、怖いお兄さんがやってきたり、という話をチョクチョク聞きます。

この種の女扱いに慣れない男は、女性の言葉や笑顔を、そのまま

■ 今夜から使える心理テクニック 089

デートで最適の時間は、夏は夜、秋は夕方、冬は昼、春はひねもす（一日中）が、基礎となる。これでわかるだろうが、春と夏はウイークデーでもいいが、秋と冬は週末と休日がベストになる。

鵜呑みにするタイプなのです。

「帰っちゃイヤ」といわれたら、鼻の下を伸ばして居座ってしまう男。「ひどいわ、そんな女じゃありません」と女性が泣くと、オロオロしてしまう男――こんな男だったら、女の達人には絶対なれないでしょう。

まず二面性を見抜くために、わざと逆のことをするのです。〝帰ってはダメ〟といわれても平気で帰ったり、女性の涙は目から出る汗ぐらいに思って、動揺しないことです。

その言葉や涙が本当だったら、長いこと女性は、キミの行為を忘れることはありません。反対にその場かぎりの涙だったら、次にはもうケロリとしているでしょう。

また本当に恐ろしい女性は、唇の両端が少し意地悪そうに下がっているものです。こういう女性には逆らわないほうが安全です。唇の薄い女性も冷たい性格が多いので、二面性に要注意です。

□女性がグッとくる男の匂いで誘う

祖父の時代の男ならポマードの匂いをさせていました。父親の時代ならタバコが男の香りでした。女性が香水で男を誘うなら、男にはたくましい汗の匂いがあるぞ、という時代もありました。

しかし、この種の男っぽい匂いは、いまや女性には気持ちワルイだけです。そこで女の達人になりたければ、フレグランスを振りかけるべきなのです。たとえば私はポロの香水を使っていますが、女性たちに好評です。

まだ若いキミなら、シャネルの〝エゴイスト〟を使ってみてもいいでしょう。女性が香水に興味をもちはじめるということは、〝私の香りにふさわしい男がほしい〟というサインでもあります。

セクシーな〝プワゾン〟をつけている女性なら、当然、熱い愛の

■ **今夜から使える心理テクニック 090**

女性の気持ちを揺らすのは、光と流れと坂道だ。光は明滅するし、川の流れ、車の流れは人の世のはかなさを暗示する。坂道も成功と転落を予想させるだけに、デートでは、この3つを活用すれば、必ずうまくいく。

ささやきを期待しているはずです。こちらもそれに応えて、じゃ香入りのオードトアレでも振りかけていれば、一発でＯＫです。

特に女性の顔立ちで判断して、こちらの香水の種類を選べば、完璧です。骨ばっていて、毛深く眉が太い女性は、ひと口にいえば大人顔、男顔です。

ポッチャリして、顔の部品の一つひとつが小さく、目と目の間が離れている女性は子ども顔、女顔なのです。前者は濃厚、後者は清潔な匂いを好みます。

ここで最大のコツは「どう？　この匂い好き？」と聞くのです。彼女は必ず顔を近づけてきます。好きじゃないといえば、彼女に選んでもらうのです。いずれにせよ、一度でもキミのからだに顔を近づけさせれば、こちらの勝ちです。

□知的な女性ほど性を否定しない

女性には、自分を高めてくれる男に夢中になるタイプと、自分を堕落《だらく》させる男に惚れるタイプの2種類いるのです。

「キミって知的だなァ」

と賛美すれば、うれしがる女性がいます。その反対に、

「おまえってアレが好きな女だナ」

などといおうものなら、

「そうよ、女ってみんなアレが好きなのよ。いけなかった？」

などと挑発してくる女性もいるのです。どちらが簡単に口説けるかは、おわかりでしょう。女性慣れしていない男は、女性を美化してしまうので、ズバリと核心をつく言葉が出せないのです。

逆に遊び好きの男は、汚い言葉も平気で出せるので、かえってう

■今夜から使える心理テクニック 091

女性がたくましい男に惹かれるのは、いつの時代になっても変わらない。草食系のやさしさだけでは、女性は物足りないし、なびかない。この基本を知っておこう。

まくいくケースが多いのです。

女の達人になるには〝女性はセックス好きだ〟と頭の中で割り切ることが必要です。どんな美人でも醜女でも同じです。アレが嫌いな女性はいないんだ、と頭から信じ込むのです。だからといって、行動に出たらたちまち捕まってしまいます。

この本は心理的な遊びを中心にして書いています。つまりキミが真の大人になるための教養書と考えてください。

そこで知性的な女性にも、同じ信念でぶつかるのです。問題は、言葉の遊びで近づくか、からだに触れることで近づくか、山の頂上に登る道が2通りあることを知ってください。

知性派のからだに直接触れるのは、まず無理です。その代わり言葉という観念遊びで、簡単に仲よくなれるのです。非知性派には、腕を組みからだを預けてOKです。

今夜は思いきって知性派に挑んでみませんか？　言葉で堕落させ、挑発するのです。驚くような結果を迎えるはずです。

□彼女に素敵なセックスを連想させる

女性と食事をしているとき、突然〝この娘はアレが好きなんだな〟と連想することがありませんか。フォークの使い方が妙にエロチックだったり、ワインを飲むときの咽喉《のど》の動きがなまめかしかったり……。

これらは、わざと女性が演出している場合があるものです。こうすれば彼は興奮してくる――ということを知っているプロ級のテクニックです。

このテクニックを逆に使うのが、女の達人の極意といえましょう。海辺のホテルの話をすると、彼女は必ず二人で行くシーンを想像するもの。軽井沢の教会の話をすれば、ウエディングドレス姿の自分を、一瞬であっても夢見るのです。

■今夜から使える心理テクニック 092

女性の前で「遠いところに行きたいなぁ」といってみよう。女性は「私も」というだろう。「ぼくは北海道だけど、キミはどこ？」と、空想を語り合うのだ。「じゃあ、今度一緒にね」で笑って別れれば、それでうまくいく。

いつもは身だしなみがきちんとしている彼が、その日だけは無精ヒゲを生やしていると、キスされたら痛いだろうナ、と彼女は想像をふくらませるのです。

下手な男は同じ連想でも、不潔な想像をさせたり、貧乏たらしい想像をさせてしまうから、女性に去られてしまうのです。

たとえば初めて会ったとき、何気なくテーブルの上に車のキーを置いて、彼女がそれを見たと思ったらポケットにしまうのです。そして今度は会話の中で、

「一度キミと海へドライブしたいなァ」

というだけで、彼女は車の助手席に乗っている自分を想像して、胸をときめかすのです。このテクニックは、おもしろいように女性が引っかかる高等心理学です。レンタカーや友人の車で演出してみたらどうですか？

□彼女をドキッとさせて、急所をおさえる

日本の男はお世辞が下手だといわれます。特に女性をほめる段になると、照れたり、急に高級ないい方をしたりして、逆に女性をガッカリさせるものです。

その点、不良っぽい男はいきなり、

「おまえは色がすごい白えな。裸を見てみてえよ」

など、ドキッとすることをいうものです。もちろん女性は〝失礼ね〟と怒りますが、心の中では自分のチャームポイントをほめてくれたのですから、うれしいものなのです。

要は、彼女が自信のある部分をほめれば、どんな女性でも心を動かすのです。表現のうまい下手ではありません。

ことに20歳あたりまでは、どこか不良性に憧れています。ところ

■ 今夜から使える心理テクニック 093

恋が生まれるまでは、美貌や外見のよさは、男女とも必要だ。これを無視しては、なかなか相手はみつからない。口説くほうも、そこをほめないと、相手に無視される。さぁ、彼女のどこをほめるか、よく考えてから会おう。

が実直な男ほど、女性から軽蔑されるのを極度に恐れます。こんなことをいったら、バカにされるのではないかとビクビクして、結局、大魚をさらわれてしまいます。

そこで、こういう方法をとるのです。本人に向かってほめるのではなく、目をつけた女性の友だちに、彼女がいかに美しいか、その美しさにいかに自分が参っているかを、話すのです。

もちろん美しさのいちばんの急所を押さえることが必要です。最大のコツは、そんな美しい人を自分が好きになっていいのだろうか、と少々卑下するのです。そうした感情が伝わることを計算に入れるのが達人の腕です。

まずどんな女性でも、これでふり向いてくれます。

第6章
彼女との距離を縮める男の習慣

□「遠くに行こう」は「幸せになろう」と同じ

女性は〝遠くに行く〟という言葉が嫌いではありません。〝遠くに行きたい〟と思う心は、幸せをつかみたい、という願望と一致しているからです。

言葉を換えれば、日常の世界から非日常の世界へ連れていくことでもあり、ケ（日常）からハレ（人のいる場所）に転換させることでもあります。晴着を着るのは、そのためなのでしょう。

だから〝遠くに行こう〟という誘いは、素敵なファッションに身を包んで、幸せ（愛）をつかみにいく旅、というところまで到達してしまうのです。

その誘いを受けるか退けるかは、彼女にとって、大きな決断といっていいでしょう。遠くに行けば帰れないかもしれません、いや1泊は覚悟しなければならないに違いないのです。

これだけの決心を喜んでするような女性なら、もうキミのものといっていいでしょう。

□「好きだ」を連発するだけでは、うまくいかない

よく間違えるのは、女性には押しが大事だからといって、一押し二押し三に押し、とばかりに猪突猛進する男が多いことです。

営業やセールスでも、家庭の主婦を口説くのに、毎日毎日通いつづける男がいます。もちろん悪いことではありませんが、いかにも下手です。

〝押し〟というのは、直線的に進むことではありません。〝好きだ〟という感情を与えつづけることにより、相手を心理的に圧迫することなのです。

■ 今夜から使える心理テクニック 094

品物と同じように、女性を高揚させる言葉を、何度でもプレゼントしよう。贈り物は重要だが、それ以上に、やさしい言葉、心が浮き立つ言葉の連射が必要だ。この贈り物は彼女の心に蓄えられて、ある日、突然沸騰するのだ。

セールスでも同じで、隣の奥さんに売るより、あなたにこそ買っていただきたい、という好意を前面に出して、通うことが大切なのです。

プレゼントを毎週、あるいは毎月送るというのは、好意の押しなのです。プレゼントでなくても、手紙でもいいし、電話でも構いません。〝好きだ〟という心を、繰り返し繰り返し与えつづければ、どんな女性でも、感情を波立たせるものなのです。

□「抱きたい」といって、彼女の反応を見る

突然、こういう言葉を口に出してみることです。インテリ、あるいは臆病な人とは、行動を起こす前にその結果を考えてしまう人間のことです。愛の告白など、とてつもなく難しい行為だと、考えこんでしまうのです。

しかし成功度は二の次として、まず口に出してみること。その反応で、彼女の心の中が読み取れるからです。

「バカね！」

と彼女がいったら大成功。

「そんな……ムリいって」

これも大成功。

「誰かと間違えているんじゃないの？」

これは、食事に誘うだけ損。こうした心の中を読み取れるだけでも、なるべく大胆な言葉で、反応を試してみるといいでしょう。

□その一言を伝えるシチュエーションも大事

「海」＋「夕方」は、女性を惑わす最強セットといってもいいかもしれません。

■今夜から使える心理テクニック 095

女性は誰でも男から説得されたがっている。うまく自分を説得して、モノにしてくれないかと、心の中では待ち望んでいる。その気にさせてくれたら、いつでも抱かれてもいい、と思っている。自信をもって、接していこう。

女性は古くから北と水に憧れてきました。人間とくじらが哺乳類の仲間である理由は、これで説明がつきます。

水中出産が、母体にとっても赤ちゃんにとっても都合がいいといわれるように、女性と水は切っても切れない縁があります。

だから、水のある景色に行くことを喜ばない女性はいません。とはいえ、〝夕方〟は女性にとって難しい時間でしょう。ところがこの〝夕方〟を女性はまた喜ぶものなのです。

恋の歌に昼日中を歌ったものはありませんが、夕暮れを歌ったものは、わんさとあります。暮れなずむ海を見て感傷に浸らない女性はいないでしょう。恋とはまず感傷に浸らせ、一人では生きていけない淋しさを味わわせることから始まるものなのです。

この誘いにうなずく女性は、恋にうなずいたと同じことなのです。

□プレゼントを渡して彼女と急接近する

名字より名前を呼ぶほうが、早く親しくなるのは当然です。しかし突然、彼女の名前を呼んだら警戒されるのがオチです。その前段階として、いくつかの行動をとるのが巧妙な手段なのです。

たとえばプレゼントを渡すとき、いつがいいか？　別れ際に渡したら、家に帰ってから感激するでしょうが、その場で抱きついてはくれません。

かといってカフェで向き合ったとき渡しても、口では喜びますが、からだで示すことはできないでしょう。

急速に接近したいときは、二人で店に買いに行って、その場で渡すのがベストです。それもショーケースに入っている小さな商品を選ぶのが、達人の秘法なのです。

■今夜から使える心理テクニック 096

「デビルタイム」といって、夕方のたそがれどきは、女性の寂しい心に、悪魔が侵入する。さほど親しくない男とでも、その時間に公園のベンチに座ったら、夜になるまでに、恋人になってしまう。

なぜそうするかって？　彼女と顔を寄せ合うためです。ケースの中の時計、宝石、アクセサリー、あるいは宝石のようなチョコレートなどを選ぶときは、否応なくうつむいた顔がくっつくでしょう。

「キミはどれがいい？」

「わたし、これが好き」

こういう会話のときは、ほとんど頬がくっついて、お互いの息づかいまで聞こえてくるはずです。セーターやスカーフ、あるいはケーキなどの品では、顔が近づかないので、意味がありません。

下手な男は、プレゼントの品に意義があるとカン違いし、達人はプレゼントする場面を重要視するのです。できたら小箱に〝愛する○○へ〟と彼女の名前を書けば、次のデートからは名前で呼び合えるでしょう。

□彼女が話したくないことには触れない

女性だって、過去に触れられたくない傷をもっている場合があります。それを根掘り葉掘り聞くのも間抜けですが、しゃべらないからといって別れてしまうのは、もっと間抜けといえます。

自分をよく見せたい、あのことだけは知られたくない、という心の発露は、実はその女性はすでに、キミに悪く思われたくない心理状態になっているからなのです。

その心が、過去をしゃべらせないわけですから、キミはそういう話をもち出さないことで、幸運を招き寄せることになることを知りましょう。

だいたい、男だって、

「あなた、いままで何人の女性とつき合ってたの？」

■ **今夜から使える心理テクニック 097**

女性は男に同情されるだけで、ホロリとなる。それは、女性のうちの半数以上は、悪い男や乱暴な男に泣かされているからだ。そんなとき、男からやさしい言葉をかければ、我慢していた心が崩れて、簡単にモノにできる。

などといわれて、答えられるはずがないではありませんか。というより、その種の質問をするような女性とは、つき合わないほうが賢明なのでしょう。女性側もそう思っているに違いありません。

□軽い触り方が女性を喜ばせる

普通の男なら誰でも手、腕、肩、唇という正しい順序で、女性に近づこうとするでしょう。しかし、女性にもいろいろタイプがあって、ゴツい指の女性は手を握らせませんし、肩が張った女性は肩を抱かれるのを拒《こば》むことがあります。

ところが、人間のからだは関節でつながっています。したがって、そこを軽く触るだけで、いくらでも自由になることをまず知るべきなのです。

たとえば、手を握るより、指をからませるほうが容易ですし、腕をとるよりひじをとるほうが簡単に女性を引き寄せられます。タクシーの中でも、肩を抱いて引き寄せる苦労をするより、首すじに手を当てて、傾けさせるようにすると、頬と唇がすぐ近くに寄ってくるでしょう。またそのほうがかわいく見えるので、キュートな女性は、そうされるほうを喜びます。

ちなみに寝た姿勢で、両ももをぴったりつけている女性の脚を開かせるのは容易ではありません。両足の親指を外側に軽く開くようにすれば、ふしぎなことに、どんなに力いっぱい女性が開くまいとしても、簡単に力が抜けてしまうのです。

□タクシー内のバッグの位置で、二人の今後を読む

タクシーには女性を先に乗せる——そんなことは当然だ、と思う人が多いでしょう。しかし私の体験では、あとから乗りたがる女性

■ **今夜から使える心理テクニック 098**

バストと腰の大きい女性は、前か横から抱くとよい。その2つとも小さな女性は、後ろから抱くとうまくいく。この彼女のウイークポイントは、うなじだ。

が、意外と多いものなのです。なぜでしょうか？　危険が起こりそうになると、運転手にドアを開けてもらって、逃げられるからです。それだけに男より後に乗る女性は、口説くのが難しいし、口説いても、その夜のうちに、よい目が出ることはないでしょう。

その点、奥側に先に乗る女性は、危険意識をもたないタイプか、もしくは、タクシーの中で肩を抱かれてもいいと、許可を与えているタイプと見ていいでしょう。

では、その二者をどこで見分けたらいいでしょうか？　バッグの位置です。バッグを男との境界線にしているか、バッグを奥側に置いて、男との境界線を取り払っているかで見分けがつくものです。

なお、バッグや荷物を奥側に置いていると、降りるとき忘れやすいので、ナイトとしてはそこまで注意を払うこと。それでこそ、彼女の愛情は、降る星のごとくキミに注がれるようになります。

□ネクタイを選ばせて、主導権を渡す

自分のスーツ、シャツ、ネクタイ、靴——なんでも構いません、彼女に選んでもらうことです。ふしぎなことに、女性は自分の趣味で男を飾ることができると思うと、その男と急速に接近したような気になってしまうのです。

結婚した女性が、いちばん先に夫を変えるポイントは、ヘアスタイルと眼鏡、ネクタイだといいます。まずそこで〝この男は私のものよ〟と他人に披露をするのです。続いてパンツとパジャマだといわれます。これは、夜のあなたは私だけのものよ、という実感を得るためです。

そういう気持ちをもっているだけに、その女性が一生懸命選んでくれたとすれば、心のどこかに〝私の男にしてもいいかな〟という

■ 今夜から使える心理テクニック 099

男たちはノーネクタイになりつつあるが、初対面のときは、できるだけ趣味のいいネクタイを締めよう。それは、彼女がそれまでつき合ってきた男と、記憶の中で、比較するからなのだ。これをパスしたら、合格だ。

感情が働いているに違いありません。

なお、このうえにハンカチ、ネクタイをプレゼントしてくれるとしたら、もう間違いはないでしょう。遠慮せずに一挙に親しさを増すべきです。

□「手が冷たい」といったら、それに触れて確かめる

「私の手って冷たいの」

こんなふうに、自分のからだの特徴について話し出したら、もう大丈夫。特に、

「私のからだってあったかいでしょう、イヤ？」

など、〝イヤ？〟とか〝好き？〟あるいは〝ごめんなさい〟などという言葉が出る場合には、触れられたり、抱かれたりすることが前提となっています。

無意識のうちに、そういう心理状態になっているということは、心を許している証明です。もしそういう話題に向けたいなら、キミからそのことをいうといいでしょう。

「ボクって手が冷たいんだ。手が冷たい人は心が温かいっていうだろう?」

「じゃ私もだわ。ね、冷たいでしょ?」

これでからだについての話にもっていくことができるし、一挙に前進したことになるのです。

□あえて面倒なことを頼んでみる

何回かのデートを経て、一度思いきってこういう申し込みをしてみてもいいでしょう。

「キミの和服姿ってきれいだろうなァ。和服を着たキミを連れて、一

■ **今夜から使える心理テクニック 100**

下手な男は、女を待たせるのが平気だ。しかし、それでは女性は冷めてしまう。口説くときは、メールの返信でも、デートの約束でも、エッチの交渉でも、女性が熱いうちにスピーディーにすることだ。

緒にコンサートに行ったら周りから一斉に注目されるだろうな」

するとし彼女は、着物を着る面倒くささより、一斉に注目を浴《あ》びている自分を想像し、一度着てみようかナ、という気になるのです。

とはいうものの、いつでも着てくれるかといえば、そうではありません。成人式、卒業式、謝恩会、お茶の会などの後が狙い目です。なぜなら和服というものは、着た後すぐに仕舞うものではないことと、一度着ると続けてまた着たくなる傾向があるからです。

グッとくだけて、浴衣《ゆかた》の季節に花火見物としゃれるのもいいでしょう。彼女がわざわざ面倒なことをしてくれる裏には、好意があるからだ、という心理を忘れずに——。

□割り切れる女性は大切にする

いつもいつも男が支払いをもつ、という関係は感心しません。

「今日は私が払う番よ」といってくれるような女性とは、長いつき合いが続きます。大人の関係が保てるということです。

これは金銭面の損得をいうのではなく、割り切った考え方そのものが、男と女のつき合いの上では、意外に重要だということです。

〝割り切る〟という考え方は、この場合、男のものではありません。男が割り切って交際するといえば、どんな女性でも逃げ出してしまうでしょう。

〝割り切る〟というのは女性の感情であって、その女性が割り切ってつき合ってくれるというのであれば、男にとってこれほどありがたいことはありません。こういう大人の女性は、大切にすべきです。

□ときには厳しく、叱る父親を演じる

淋しい環境に育った女性は、必ずファザーコンプレックスをもつ

■ **今夜から使える心理テクニック 101**

正装した女性には、下品な言動は禁物だ。和服の女性にも上品に接したほうがいい。人間は、性格が上品、下品なのではない。服装や環境、時間によって変えるものなのだ。これさえ知っておけば、度胸がつくだろう。

ています。早くに両親のどちらかを亡くしている娘、あるいは両親が離婚してカギっ子で育った女性、地方から出てきて一人で生活を続けている女性——こうした環境にいる女性は、家庭的な雰囲気に憧れをもっているものです。

それだけに、やさしくはぐくむ母親的な叱り方と、一人前として巣立てるよう、厳しく叱る父親的な態度に飢えているといっていいでしょう。このような女性に対しては、思いきって、父親的なパフォーマンスを演じてみると、意外な好結果が出るものです。

□女性の好きなお酒によって口説き方を変える

近頃の女性の酒好きにはただ目を見張るばかりですが、酒の種類で、女の口説き方が変わってくることを知っておいて損はありません。

日本酒好きの女性は、ゆっくり時間をかけて口説くべきで、ワイン好きは、大人の関係でいきたいもの。

カクテル好きは、いろいろな男とつき合いたい女性が多いので、誰でも立候補できます。

ビール好きは明るいので、陰気な男には無理。

ブランデー好きの女性は、セックス好きといわれますが、これも時間をじっくりかけたほうがうまくいきます。

アルコールは飲むか飲まれるかで相当違ってくるだけに、一概にはいえませんが、飲まない女性より、酒好きな女性のほうが口説くのは簡単です。

何ごとでも〝好き〟な人間は、必ず〝人間好き〟だといわれます。なぜなら相手がいなければ、好きなことができないからです。酒好きの女性は、男好きと思って間違いないでしょう。

■今夜から使える心理テクニック 102

女性が「いいな、この人」と思ったときは、必ず身近な人を連想するものだ。だから彼女が欲しがっているきびしい父親像、よき兄貴像、かわいい弟像などの、どれかを演出すると、たちまち仲良くなれる。

□すぐ謝る男は女性をガッカリさせる

デートに遅れてくる。

「いやぁ、申し訳ない。電車が遅れちゃって」

一度ならいいが、毎回〝申し訳ない〟〝ごめん〟〝悪かった〟という言葉を口にするような男は絶対モテないもの。

女性は男に表面こそやさしさを求めるが、中身は強くあってほしい、と思っています。それだけに、すぐ謝る男は情けなくなってしまうのです。

謝るくらいなら、十分早く行くつもりになればいいのです。また約束の時間に遅れるのだったら、花束でもケーキでも、なんでもいいからプレゼントを買っていくこと。そうすれば、遅れた理由がつくからです。

逆に、女性側が何回か遅れて謝る立場に立ったときは、毅然とした態度で臨むこと。たとえば、罰としてキスを求めるのもいいでしょう。男女の間では、心理的に上に立ったほうが勝ち、と覚えておくことです。

□手の触れ合いが関係が深まる決め手になる

女性は全身が性感帯だといわれます。言葉よりやさしく肩を抱いてほしいといいます。これは触れることで親しくなれる、ということを意味しています。

女性は男の手を重要視します。冷たい手が好きだという女もいれば、温かい感触がいいという女性もいるでしょう。指がほっそりしている男を見ると、性的な震えがくるという過激な女性もいるほどです。逆にゴツくて厚ぼったい手のひらは、気持ち悪く、ぞっとす

■ **今夜から使える心理テクニック 103**

達人は恥ずかしがり屋の女性を、よけい恥ずかしがらせる。顔を赤らめるということは、その時点で、全身が性感帯になったことを意味する。

るという若い女性もいるもの。

それだけ手を重要視しているだけに、3度も4度も握れるようになったということは、

「私ってあなたが好みなの」

というサインを送っていると思って間違いありません。

最初の日はサヨナラの握手、2日目は再会を喜ぶ握手、そして3日目は愛の信号を交わす握手となるのです。

□ふいに立ち止まって、彼女の心の準備を待つ

彼女の心に葛藤を起こさせることが、恋愛技術では高等テクニック。シェークスピアではありませんが、「Ｔｏ ｂｅ ｏｒ ｎｏｔ ｔｏ ｂｅ」——応じるべきか、やめるべきかの心境に誘いこむのです。

暗い道へ歩いていくことは、キスをされる可能性があるもの。そ

の可能性は何パーセントぐらいか、逃げるべきか受けるべきか、受けたらその先ホテルへ連れ込まれるか、それだけか――彼女の小さい胸は、次世代コンピュータのように、瞬間的に計算をしているはずです。

たとえば歩いていて、ふいに立ち止まるのも一法です。彼女は一瞬、ドキッとします。立ち止まるということは、次に何か男が行動を起こす準備と、彼女は見るでしょう。

そのときの態度、姿勢、顔の緊張度などをじっくり見ると、いろいろなことがわかるものです。男と女の楽しみは、実はこういう虚々実々の闘いにあるのです。

□プライドの高い女性ほどハートはつかみやすい

気が強い、勝気というのとはちょっと違って、プライドが高いと

■今夜から使える心理テクニック 104

静かな場所で2人きりのほうが、女性はロマンティックになる、と思うのは間違いではないが、緊張するタイプも多い。むしろ大勢の中の2人、人混みの中の2人のほうが、安心して気を許すものだ。

いう女性がいます。機嫌を損じたら大変というタイプです。

約束の時間に遅れても、タクシーが遅れたのが悪いというし、なまじなレストランに行こうものなら、自分の趣味ではないという。

こういう女性に当たったキミは不幸ですが、しかしこの種の女性が好きだ、という男だっているのです。

この種の女性には、なんでもいう通りにすることです。3回まわってワンといえといわれれば、その通りにすることです。要は自尊心を満足させてあげればいいのですから、ときには奴隷役も必要になってきます。

この種のプライドの高い女性は、こちらが目をつぶれば、意外に対応しやすいはずです。絶対に反抗しないことが鉄則でしょう。

第7章
彼女の「イエス」を自然に引き出す

□男のやさしさを見せて彼女をホロリとさせる

ホステス、死別・離婚経験のある女性、パートの女性――これらの女性が全部が全部とは限りませんが、それでも普通の女性より苦労をしているものです。

そこで、そうした女性には、トコトン親切にすることです。たとえば掃除のおばさんが職場のゴミを回収しにきたとき、こちらからゴミ箱を出して、〝ご苦労さま〟といってみるといいでしょう。

このおばさんに好かれると同時に、それを見ている職場の女性にも好意をもたれる結果になります。これは〝苦労している人にはやさしい男〟というイメージが、間接的にでき上がっていくことを示します。

この方法でもっとも多い例は〝電車で高齢者に席を譲る〟という

行為です。乗客の誰もが〝やさしい青年〟という印象を受けるはずですが、この行為をあらゆるケースで応用するといいでしょう。

□よくしゃべる彼女をキスで冷ます

男の前でよくしゃべるということは、その雰囲気に酔い、興奮していると察知すべきです。

もっとズバリいえば、しゃべることによってほてりを冷ましている、興奮を逃がしているともいえるでしょう。だからその興奮がなくならないうちに、黙って口封じをしてしまうことです。

しゃべっている途中に、肩を抱いてキスをしてみましょう。

「私が話しているのに……」

と怒りながらも、彼女は必ず満足するはずです。絶対に逃げたりはしないでしょう。もし逃げるそぶりをしたら、もともとキミは彼

■ 今夜から使える心理テクニック 105

まだ若いのに「あの娘はいいが、この娘はよくない」など、選り好みしてはダメだ。誰にでも平等に接することが、基本である。これは、女性の場合でも同じ。

女に嫌われているということですから、それ以上深追いしないことです。

□男と女は正反対のほうがうまくいく

男と女は、性格が同じならばうまくいくかといえば、そうではありません。世間でよくいわれる〝似た者夫婦〟というのは、知り合う前から似通っているのではなく、生活を共にすることで似てくることをいうのです。

男と女はむしろ正反対のほうが、うまくいきます。内気な女性には、強気な男が好ましく思われ、勝気な女性には、むしろ煮え切らない、優柔不断タイプの男のほうが、世話のしがいがあるでしょう。「この人は、私がいなかったら、ダメになってしまうのじゃないかしら？」という母性本能を燃え立たせるからです。

相手が勝気な女性と見たら、一度、思いきり甘えてみるのも手であることを、知っておきましょう。

□口説くときは、必ず後ろ側からささやく

男が女の目をじっと見つめるのは、結婚を申し込むときだけにしろ、という教えがあります。そのときだけは男も真剣ですし、嘘いつわりのない目の色ですから、安心して女性に見せられるからです。ところがそれ以外のときは、どの男も心に何かやましいものを蔵しているだけに、瞳の中をじっと見つめられては、たじろいでしまうのです。

そこで口説くときは後ろ側からささやいて、顔は見せてはいけません。

女性側からすれば結婚は現実ですが、恋愛は夢です。夢を見るた

■今夜から使える心理テクニック 106

笑わせて口説くこともできるが、反対に、深刻な顔でモノにすることも可能だ。こんなとき女性は“かわいそう。苦しんでいるんだわ。私が助けてあげなくては”という気になるからだ。作家の太宰治は、これの天才だった。

めには、男の顔は好きな俳優のように、もっと素敵でなくてはならないのです。つまり女性は、男性の顔は見なくてもいいことになります。

だいたい〝ホテルへ一緒に行こう〟と、真正面から誘って〝うん、行こう〟とは、いくら現代の大胆な女子学生でも、ちょっとためらうはずです。

□脇腹をつけば彼女の経験値がわかる

人間は誰でもからだの前と背中部分は発達しますが、両脇は比較的弱いものです。皮膚にせよ、脂肪にせよ薄いはずです。だからこそ腋の下と脇腹は、触れられるとくすぐったい。

ところが触れられ慣れていきますと、いつの間にかくすぐったさが快感となっていくものです。女性の性感帯は、くすぐったさが快感に変化する部分が非常に多いのです。

たとえば、この2ヵ所以外にも、首すじや太もも、耳の後ろなどは特に最初はくすぐったいというはずです。

それだけに知り合ってすぐの頃に、脇を抱えるように手を伸ばしてみると、くすぐったそうに身をよじる女性がたまにいますが、これは処女のあかしであって、まだ他の男性の腕が伸びていないことを示しています。

□初デートは相手の緊張感をほぐすことが第一

男なら誰でも、初めてのデートには胸をときめかすもの。気の早い男になると、カフェで待ち合わせて食事をし、映画のあとは暗い夜道を……などと怪しげな想像をめぐらせます。

では女性側はどうでしょうか。同じ胸をときめかすにしても〝ど

■ 今夜から使える心理テクニック 107

女性と一緒のとき、男は後ろ手でドアを閉めてはいけない。それでは恐怖を感じてしまう。腕も同じで、後ろ手に組んではいけない。常に手は前に置いて、女性に見せていることだ。

ういう人だろうか、やさしい男性か、教養があるか？〟と、男の性格と文化度に思いがいく人が多いでしょう。

けっして初めてのデートから暗い夜道でキスしてほしい、などという気持ちにはならないものです。

それだけに初めてのデートでは、相手の緊張感をほぐすことが第一で、そのためにはにぎやかな場所か、カップルの多い場所を選ぶことが大切。

それに二人連れが多いところでは、相手の女性もリラックスして、大胆になりやすいもの。少しでも楽しい時間をもつことを主眼にして、静かなコースは二回目以後にしましょう。

□初心《うぶ》な女性ほど速戦即決で勝負を決める

男慣れしている女性に、早く迫ろうものなら、

「あらあら、焦っちゃって」

「そんなにガツガツしなくてもいいじゃない」

などと、軽くあしらわれるのがオチです。ところが男をよく知らない初心な女性は、デートの回数を重ねるごとに、男の怖さを知っていき、次第に臆病になっていきます。

男がもの珍しい段階のうちに、彼女に迫るほうがうまくいくときがあります。結婚にしても早い女性は、20歳そこそこでしますが、男をよく知らないうちのほうが幸福だ、という考えのようです。

これと同じように、わけのわからないうちのほうが「男というものはこういうもの」という思い込みが自然とできて、結果良好の場合が多いものです。〝ダラダラ〟デートは、百害あって一利なし、と思いましょう。

■ **今夜から使える心理テクニック 108**

慣れた女性には、焦りは禁物。かえって軽くあしらわれてしまう。その点、初心な女性は、心の余裕がないので、奇妙なことだが、早く決めてくれたほうが、安心なのだ。

□女性はミラーの前に立つと、彼と腕を組みたくなる

気に入った洋服を着た日は、誰かに見てもらいたいだけでなく、何度でも鏡を覗き込んでみたいのが女性です。

そこで、なるべく鏡やガラスの大きいホテルや建物の、ティールームなどを使うといいでしょう。

エスカレーターを上がりきった正面に、大きく豪華なミラーを配した都市型ホテルがよくありますが、盛装した女性は、必ずそこに映った自分の姿に、満足した表情を浮かべるものです。

また最近では、ガラス張りの書店やブティックがふえているように、女性とミラーは文化の発達と共に、より密接につながっていくでしょう。みじめな姿は映したくありませんが、美しい姿は映したいのが人情です。そこをうまくつくことが大切です。

ふしぎなことにそういう場所では、腕を女性からからめてくることが多いもの。逆にいえば、腕を組みたくなる場所に連れていけば、目的の大半はすでに達したも同然でしょう。

□彼女の自宅近辺で口説いてもうまくいかない

女性は見知らぬ場所では大胆になりますが、職場や自宅近辺では、極端に臆病になるもの。それを知らない男は、最後の最後まで肩や腰を抱こうとして、女性からイヤがられるのです。

女性は自分が噂好きであることを知っているだけに、噂の怖さもよく知っています。その噂は徐々に尾ひれがついて、いつの間にか巨大な影となって自分に返ってきます。

男と一緒にいた↓男と一緒に腕を組んでいた↓男とキスを交わしていた↓それも深夜に↓酒に酔っぱらっていたようだ↓なんてはし

■今夜から使える心理テクニック 109

鏡を見るのは、顔や髪を整えるためだけではない。自分が相手にどう映るのか、表情を確認するためなのだ。自信のある笑顔、魅力ある表情をつくって、さぁ、でかけよう。

たない娘だろう、という形になってはね返ってきます。

それだけに、自宅近くまで送っていいかどうかを、よく確かめたほうがいいでしょう。また近くまで送ったときは、できるだけ紳士的に振る舞ったほうが喜ばれます。そのお返しは必ずや、キミを喜ばせることでしょう。

□女性に「イエス」をいわせない誘い方もある

「キミと今夜一緒にホテルに行きたい」

と、わざわざ確認をとる男はいないだろうと思ったら、そうではなさそうです。半数以上がそう誘うといいます。

もちろん待っていたように、「ええ」という女性もいることでしょう。しかし、そういう女性は、そう誘うまでもなく、ＯＫだったのです。

断ることができる誘い方は、できるだけしないほうが賢明です。ホテルに行くサインは、腕のとり方ですればいいでしょうし、車をその方向に向けるだけでもいいのです。その寸前で断られれば、次の機会にすべきなのです。

女性は、いちいちこちらの承諾を得てからでないと行動できない男を、軽蔑さえするといわれます。軽蔑されて断られるより、同じ断られるにしても、敵にひと泡吹かせてやろうではありませんか。

□名前で呼んだときの反応で、彼女の心が読める

何回かのデートを重ねたら、まず、こちらから彼女を名前で呼ぶようにしてみましょう。女性は名字で呼ばれるより名前で呼ばれることに、誰でも慣れているものです。

職場でも〝ミサキちゃん〟〝おーい、マイちゃん〟などと呼ばれつ

■ **今夜から使える心理テクニック 110**

口説きの鉄則は、女性を広いところから、狭いところに誘い込むことにある。場所も、部屋も、話題も、からだも。

けているため、まず抵抗はありません。問題はそう呼んだことにより、彼女もキミを〝まさおさん〟〝よしのりさん〟と、名前で呼ぶかどうかがカギなのです。

もし彼女が名前を呼んだとしたら、他人の関係からもっと親しい間柄になりたいわ、という意思表示と見ていいでしょう。

その日を漫然と過ごしてはいけません。彼女の頭とからだの中では〝名前で呼んでしまった〟ことの、微妙な感情が渦巻いているからです。

「あなたがボクの名前を呼んでくれたことに、間違いはない」という、証明を与えるべきです。

□タクシーの奥側に乗ったら、彼女の気持ちは決まっている

自分が先に降りるのがわかっているのに、男より先にタクシーに

乗る女性は、男との間にある遠慮を早く取り去りたい、という意思表示をしているはずです。

なぜなら、自分が降りるときには、男もいったん降りることになるからです。遠慮があったら、させられないではありませんか。

これを行わせるということは、降りたとき、握手か軽く肩を抱くか、あるいはキスをしてもいいわよ、という信号を送っていると見ていいでしょう。

「あなたとは、もっと親しくなりたいわ」

という意味を込めていることを、見逃してはなりません。

□年上の女性を口説くときは、礼儀を守る

言葉づかい、挨拶、マナー、どれ一つとっても年齢が若い人のほうがルーズといえます。それだけに年上の女性に対しては、そのう

■ 今夜から使える心理テクニック 111

女性がおしゃれしているときは、口説くチャンスと心得よう。なぜなら、素敵な自分を見てほしいという気持ちと、下には、もっと素敵な自分がいるわよと、暗示しているからだ。その証拠に下着も凝っている。

ちのどれでもいいから礼儀を守ることです。

たとえば、時間厳守でもいいでしょう。若い女性とのデートでは、時間をきっちり守っても、それほどピンとこないもの。ところが年上の女性とのデートで、毎回正確に約束の時間を守ったらどうでしょう。

「私みたいな年上の女性にも、約束を守ってくれる人なんだ」と、感激すること請け合いです。時間だけでなく、言葉づかいでもきちんとしていると、世代的にいって、安心するものです。

年上に好意をもたれるには、愛情表現も大切ですが、ふだんの態度がいっそう重要であることを忘れずに――。

□彼女が無口になったら危険信号

ある話題のときから、突然せきを切ったようにおしゃべりになる女性がいます。これは心に動揺が起こった証拠であって、自分に関心を引きつけたいと思ったに違いありません。

反対に、突然無口になる女性もいる。こちらは心が急速に冷えてきている証拠であって、キミに無関心になりはじめていると思って間違いないでしょう。

こういうときは、二つの原因があります。一つは話題の中に、興奮か冷静になるものがあった場合と、もう一つは二人の近くに、興奮か冷静さを引き起こす人間が出現した場合です。

おしゃべりになったときは、グッドサインと見てそれに合わせること。逆に無口になったら、すぐ切り上げたほうが賢明でしょう。もしかすると、あとで詫びてきて、それがきっかけで、再度会えるかもしれないのですから。

■ 今夜から使える心理テクニック 112

女性をよく研究している男は、満月と新月の日を手帳に記しておく。この夜に女心が動揺することを、知っているからだ。

□相性のいい相手とは、からだがピッタリ合う

女性のからだは、好意をもつ男には、くらげのように全身がしっとり吸いつくもの。男の体型通りに女体が変化してしまう、といっても過言ではないほど、ぴったり相性が合ってしまうのでしょう。

反対に、ゴツゴツ、バラバラ、どうもフィーリングが合わないというケースもあります。これはお互いに好意を寄せていないからで、そういう女性とつき合っても、うまくいくことはありません。

また、クラブなどで踊っている最中に、頬と頬をつけてみると、どちらか一方の頬がほてるように熱いはずです。右頬が熱ければ右半身が、左頬が熱していれば、左半身もまた熱を帯びてしっとりしているもの。そちらを攻めることが肝心です。

□なかなか手を握れない関係が進展する瞬間

エレベーター、エスカレーターの利用法をマスターしましょう。最高のテクニックは、上りはエスカレーター、下りはエレベーターを使うことです。なぜでしょうか？

まだ手を握り合ったことのないカップルでも、上りのエスカレーターの場合、降りる寸前で手を差し出すのは自然です。何のためらいもなく、ごく普通に手を握り合えることでしょう。エスコート役としては、むしろ手を差し伸べなければならないからです。ところがエレベーターでは、そのチャンスはありません。

それが下りとなると、エスカレーターの場合、さっさと一人で降りてしまう女性が多くなります。それに反して下りのエレベーターは、急降下による不安な気持ちが、つい男にすがりつきたくさせるので

■今夜から使える心理テクニック 113

女性の視線から、気があるかどうかを見抜くことができる。こちらから、じっと見つめてみよう。彼女もこちらを見つめて、それから一旦視線をはずし、もう一度こちらの目に合わせてきたら、気があると考えて間違いない。

す。その上密閉された雰囲気が、あやしい気分にさせるのでしょう。

□彼女の「好かれたい気持ち」を、そっと引き出す

「いい香りがするなあ。なんていう香水をつけているの？」

香りが素敵だったら、こう聞いてみるといいでしょう。

「そんなにいい匂い？　これプワゾンっていうの。キミを毒殺しちゃうわよ」

こんな答えが返ってきたとして、次のデートに、もし同じ香水をつけてきたら、彼女はキミに好意をもっていることになります。

「この前、この香りが好きだっていったから」

という女性なら、万事ＯＫといってもいいでしょう。無意識のうちに、好かれたいという気持ちになっているのです。

香りに限らず、ヘアスタイルでもいいし、スカーフでも構いませ

ん。デートに同じ服は着たがりませんから、洋服はほめてもムダです。むしろ小物のほうが再度使いやすいので、そちらのほうが効果は高いはずです。

□「キミの水、飲んでいい？」でわかる彼女の本心

飲みに行ったときにテストできる方法として、彼女が口をつけたグラスで飲んでみるといいでしょう。たとえば自分の水を先に飲んでおいて、ボーイを呼ぶのです。

なかなか来ないとき（ほとんどはすぐ来ないものだ）に、

「キミの水、飲んでいい？」

と聞いてみましょう。露骨にイヤな顔をされたら、そのつき合いはその日でサヨナラです。

「私のでいいの？」

■ 今夜から使える心理テクニック 114

デートに、空港や大きな駅のレストランを使ってみよう。旅の香りは、彼女の心を浮きたたせる。それだけではない。女性はこのとき、ひとり旅を絶対考えていない。

こういわれたら、最高の女性といえます。その恋はもう成就したも同然です。大勢で飲みに行ったときには、逆に自分のグラスのビールを、キミが好意をもつ彼女に飲ませてみるのも、同じテストとなります。

ただワイワイ騒いでいたのでは、せっかくのチャンスが、逃げていくだけではありませんか。

□夜中の電話ができれば、もう口説けたも同然

何回かデートを重ねるうちに、メールやラインでなく、夜間の電話を許してくれたら、半分は口説けたと思っていいでしょう。

もし彼女がほかにボーイフレンドをもっていたら、夜の電話はなかなか許さないものです。なぜなら、いつ彼から電話がかかってくるかわかりませんし、彼のほうも2回に1回、3度に1度が話し中

となれば、彼女を疑い出すに違いないからです。

それに彼女が一人住まいなら、夜の電話は昼間のそれよりムードがよくなりますし、彼女が家族と同居なら、家族に彼の存在を知られてもいい、というサインを出したも同然だからです。

それだけに、できるだけ早い機会に、夜間の電話ができるようもちかけたほうがいいでしょう。そうすれば、ムダな鉄砲を撃つことはなくなります。

□女性のGOサインは、男のそれとはまったく違う

興奮してきた人間は、誰でも発汗作用を起こします。気に入った女性と一緒にいるだけで、若い男なら汗をびっしょりかいてしまうものです。

内心のドキドキが、額の汗に表れてしまうからですが、実は女性

■今夜から使える心理テクニック 115

夜の11時に電話のできる仲になろう。この時間は、よほど気を許した男でないと、女性は電話を受けつけない。なぜなら、寝る寸前の心を乱されたくないし、肌にも悪いからだ。一度、彼女にお願いしてみよう。

は、男の汗を好ましいものと受けとめます。自分に対しての一種の求愛動作ですから、内心ではその求愛をどう受けとるか、その瞬間からいろいろと考えにふけるわけです。

ところが女性は男と出会って興奮しても、額に汗をかく女性はほとんどいません。ここが男と決定的に違うところであり、男が見逃してしまう点です。

せいぜい小鼻の脇に汗をかくぐらいですが、これも興奮してというより、急いで駆けつけてきたときに限ります。

女性の興奮は、むしろ転位運動として表れるといわれます。何かモジモジして落ちつかない、唇を噛む、あるいはなめる、髪の毛を手でいじる、ハンドバッグの留め金を開けたり閉じたりする――一見するとイライラしているように見えますが、男と会っていながら、これに類した動作をしていたとすれば、GOサインかもしれません。

よく、髪の毛をいじる女性は濡れているという説もありますが、濡れているかいないかはともかくとして、やや興奮気味であることは間違いありません。

それは、この人とつき合おうかどうか、内面の葛藤がその動作に出ているのです。そんなとき、「じゃ、行こうか」と肩を一押しすれば、彼女は案外あっさりついてくるといいます。

□見つめてくる女性が自分に気があるとは限らない

初めて会う女性。素敵だな、と思ったら、構わず彼女を凝視しましょう。そのとき彼女もこちらをじっと見返します。ここまでは誰がやっても同じです。問題は、ここからです。

「おや、あの男、私を見ている。関心があるんだわ。ちょっといい男だから、話しかけてみようかな」

■ 今夜から使える心理テクニック 116

「キミの部屋を見たい。それともボクの部屋に来てみる？」――どちらでもいいから口に出すと、女性は、どちらかに行かないと、いけないような気になっていく。

「おや、あの男、私を見ている。関心があるんだわ。でも、私の好みじゃない」

女性は、一瞬のうちにこのどちらかの結論を出します。そしてその結論にしたがって、目を動かし出すのです。

彼女はこちらが見つめている間、じっと見つめています。こちらはドキドキして、「彼女も気があるな?」と思うでしょう。

でもそんなに単純ではありません。こちらが凝視している間中、見返す女性は、好みじゃない、という意思を伝達している場合があるのです。一種の威嚇、軽蔑を目の光に表しているのです。

むしろそれよりも、こちらの凝視に対して、一度、視線をはずし、改めてチラッと盗み見したり、そのうちにまた目を合わせるようにする女性のほうが、気があるものなのです。

男女の凝視は、愛が深まった仲の二人に多いものです。ベンチで向かい合って、黙って目と目を見つめ合っている恋人たちの風景に出会ったことがありませんか。このように目を見交わしつづける仲は、安心しきった親愛のしるしなのです。

初めて会う男に目をつけられた女性が、すぐ愛を交わす眼差しを送り返せるわけはありません。

つまり凝視によって、彼女の内心を波立たせることが肝心なのであって、それによって彼女の目がせわしなく動くようなら、第一関門は突破と受けとって差し支《つか》えありません。

■ **今夜から使える心理テクニック 117**

相手の顔を見つめることには、3つの利益がある。1つは敬意、2つには興味を持ったことを、目で伝えることができる。さらに3つには、相手が本心なのか、口先だけなのかを、見抜くこともできる。

第8章
女性が惚れたくなる男になれ

□女性はマジメな男より、ワルイ男に惹かれる

女性から「あなたってマジメな人ね」といわれて喜びますか、それとも悲しみますか？　この言葉で喜ぶようなら、女心がわからない証拠です。

男と女の間には、マジメ、不マジメという気持ちはあり得ないのです。だから「あなたってワルイ人ね」といわれたときこそ、チャンスと覚えておきましょう。

デートのとき、ちょっと腰に手をまわす、彼女の指を軽く噛む――当然彼女は、キミを睨《にら》みます。睨まれてそこでやめてしまえば、ただの関係でしかありません。

睨まれたら、ほほえみ返して、今度は大胆に、人差し指にキスするか、しゃぶってごらんなさい。

「あなたってワルイ人ねえ」と、彼女はここで初めて、この言葉を吐きます。一歩お近づきになったしるしです。

今度は映画を観ながら、同じことをするのです。できるだけ混んでいる席のほうが、効果が上がりますが、人中でそうすると彼女は暗闇の中で、キミに「ワルイ人!!」と熱い息でささやくはずです。

「ワルイ人ねえ」から「ワルイ人!!」に変わったということは、他人から恋人に移ったということなのです。

「ワルイ人!!」でなく「バカねえ」「おバカさん!!」でも構いません。要は、女性を共犯関係にもち込むようなテクニックを使うのです。

清く正しく美しく、名もなく貧しく美しく――では女性のハートは捉えられません。まず、いい意味の〝不良〟になりきることが、第一歩です。

■ **今夜から使える心理テクニック 118**

女性は秘密が好きだ。秘密を打ち明けられると、共犯意識をもってしまう。だから男から「キミだけに話すけど」と、そっと内緒話を打ち明けられると、たちまち「特別な人」意識をもってしまう。さっそくやってみよう。

□他人にはない自分の価値をアピールする

ちょっと高度な心理学になりますが、女性には〝価値欲求〟という気持ちがあります。わかりやすくいえば、自分の好きな男に、他人にない価値を見出し、満足したいという心理です。

「私の彼って外科医なの」——女優の相手に医者が多いのは、この欲求の表れです。弁護士でも経営者でも同じことです。しかし、普通のサラリーマンでは、職業、別荘、バイクなどの価値は残念ながらありません。

そこで、自分なりの価値をつくって彼女に売り込むのです。彼女が見栄を張れる価値なら最高です。

彼女の誕生日だけは、料理を二人で食べる。それもミシュランの星が、一つでもついているレストランで——こういう演出なら、彼女は翌日友だちにしゃべれます。

あるいは美術館へ行って、有名な画家の絵を解説してあげる。一夜漬けで構いません。もっと簡単なことでは、電車の中で老人やからだの不自由な人に席を譲る、ということでもいいのです。

「あなたって教養があって、それにとても親切なのね」と彼女がいってくれれば、もうバッチリです。もしテクニックを使うのなら、キミの友だちを活用して、キミの価値を高めさせるのです。

「この男はオレのところに来て、あなたの自慢ばかりしていますよ」

この一言を彼女の前でいわせるのです。

〝自分を特別に愛してくれている〟という価値を認めたら、彼女は即日ＯＫです。ポイントは〝価値を高める〟テクニックを覚えることです。

■ 今夜から使える心理テクニック 119

小さな幸運でいいから、彼女に話してみよう。忘れ物が出てきた、くじで1000円当たった、というような。すると彼女は「この人は運がいい」という先入観をもつ。これが、口説くときに大きな効果を発揮する。

□口説いた彼女を、みじめにさせない

近頃の女性は、いつもキャッキャッとふざけたり、ゲラゲラ笑っています。それをカン違いして、ロマンチックなムードはいらない、と思っている男が多くなりました。

口説くときも、〝明るく積極的に大胆に〟の一本攻撃です。これではうまくいく確率は、20パーセント以下でしょう。

なぜ女性は明るく振る舞っているのか。セックスの面から考えると、自分が、みじめな気持ちになりたくないからなのです。

間違って寝てしまった場合でも、ホテルが豪華だったからとか、彼がやさしかったからと、せめてそう思うことで、女性は自分を慰めたいのです。

たとえば、万年床の部屋で口説かれたら、女性はかたくなに拒むで

しょう。マンガ雑誌が散らばっている部屋でも、イヤなのです。壁にヌード写真が貼ってあるなど、下の下です。

女性が月の光と白い雪を好む理由がわかりますか？　この二つとも、汚さを隠してくれるからなのです。

彼女がこういうロマンチックな感性をもっていることを知れば、そこが突破口《とっぱこう》になることが、すぐわかるでしょう。桜の木陰、夜のスキー場、霧の港、ホテル最上階からの夜景――いずれも女性を〝ムードに浸らせる〟その気にさせるお膳立《ぜんだ》てです。

□彼女の好みが自分に似てきたらチャンス

似た者同士という言葉があります。長い結婚生活を送っている夫婦によく見られる状態で、顔もしぐさも、好みも一緒になってくるものです。

■ **今夜から使える心理テクニック 120**

金はなくても、貧乏くさくしてはならない。フランス料理にしながら、ワインをとらずに、ビールにするような。そんなことなら、ラーメン一杯でも、おいしい店をさがそう。女をみじめな気分にさせないことだ。

これは、愛している男性がいると、女性が知らぬ間に、その男性の好みに同調するケースとなって表れてきます。

彼がコーヒーのストレートが好きだと知ると、それまでミルクたっぷりのカフェオレが好物だった女性が、ぷっつりとミルクを断ってしまうようになるのです。

〝同調のダンス〟と心理学で呼ばれるふしぎな現象ですが、愛する人に喜ばれたい気持ちが、そういう行動を起こさせるのでしょう。これは男でも同じです。

これが高まると、彼が喜ぶことだったら、なんでもしてやりたいという、少々危険な傾向に走るわけですが、男はそんな点を注目していると、彼女の本心がかなり正確につかめるものです。

「あれっ、キミは豚肉が嫌いだったのではなかった?」

「うん、そうだったんだけど、近頃食べられるようになったの」

彼女がこう答えるようになったら、もう間違いありません。親密度は一歩も二歩も進んでいる証拠です。

反対に知り合って何ヵ月もたっているのに、好みがまったく変化しない彼女は、同調する心をもっていないことになりますから、別れたほうが賢明かもしれません。

□彼女の小さなしぐさに本心が隠れている

デート中に、軽くあくびする彼女。けっして眠いのではありません。キミに退屈しているのです。あるいはチラッと腕時計に目を走らせるときも同じです。

「そろそろ帰らせてください」という意思表示です。もっと強い意思表示は、キミの顔を見ないで、周囲を観察し出したときです。心はもうキミにはありません。

女性はどんなに周りに人がいたとしても、好きな男と一緒なら、その風景が目に映りません。路上などで抱き合っているカップルに、

■ **今夜から使える心理テクニック 121**

寒くなる季節は、温かさが恋しくなる。焼き芋を見つけたら、買って二人でほおばろう。屋台のラーメンを、おでんを立ち食いしよう。この“同調ダンス”が彼女を、その気にさせるのだ。

その証明を見ることができます。

抱き合っているといっても、男の目はあちこちに注がれ、女だけが男の胸に顔を埋めているように見えるでしょう。

自己中心型といっても構いませんが、その女性が、周囲に目を走らせるようなら、その仲はもう終わりかもしれません。

「もっと楽しい男はいないものかしら。こんな退屈な男、もうたくさん。あれ、あそこの男は楽しそうだな。こちらのこの男のほうがいいかな」

そんな思いが表面に出ると、他人を気にし出すのです。軽い男は、「よく見ろ、どのカップルもオレたちにはかないやしないよ」などと鼻の下を伸ばしていますが、そううまくは運ばないのです。

デート中は、彼女の小さなしぐさに気をつけることが大切です。

□脚の組み方でわかる彼女のいまの心の内

電車の中で座っている女性をよく観察しましょう。観察するポイントは脚の状態です。

よく、処女は両脚をきちっと揃えて、股を開かないといわれますし、性的にだらしのない女性は、股を平気で開くといわれます。ヒザを組む女性は性的に淫らだという人もいます。

それほど脚の姿勢は、男たちの目を引きます。まさに脚は性的信号を送るシンボルといえましょう。

動物学者によると、雄のボスは脚を広く開くのが多いということです。群れの支配に絶対の自信をもっているのでしょうが、その支配とは雌に対するものでもあります。

では、両脚をきちっと閉じている女性は、誘うのが難しいのでしょ

■今夜から使える心理テクニック 122

女性は思わぬところで、男を嫌いになる。ラーメンの最後のひと啜《すす》りでズルズルと吸い込んだ、というだけで別れた人もいる。女性がその男にゾッとする瞬間は、さまざまあるだけに、十分注意しよう。

うか？　そうともいえません。

何ごとも行き過ぎは、深層心理を隠すものといわれ、あまりピチッときつく両脚を閉じていたり、なかには強く脚を交叉している女性もいますが、こういう行き過ぎた姿勢は、深い性的関心を示しているのでは？　と思っていいでしょう。

もちろん股が開いている女性は、性的にだらしがないだけに狙い目です。もし彼女がいるのなら、一度よく観察してみることです。男性遍歴を見破ることができるかもしれません。

もっとも狙い目は、脚を組む女性です。この女性は大胆であると同時に、脚に自信があります。脚に自信があるということは、性的な面でも臆病でないと見ていいでしょう。

今日から、電車の中をよく観察することです。

□手を握る動作一つで、彼女の心が見える

彼女の手を握ったら、寒空の下なのに汗をかいていた――これも興奮が手のひらに出ている例です。しかし、汗をかいているからオレのことを好きなんだ、と単純に解釈してもらっては困ります。

内面の葛藤が汗となって出ている場合、冷え症で手のひらがしっとりしている場合、そして好きで熱が手のひらに伝わって出てきている場合の３通りが考えられます。

そのとき、

「うわあ、こんなに汗かいている！」

なんて叫んではいけません。好きな場合ほどそれを隠したいはずですから、そんなことを大声でいう必要はないのです。

むしろ、

■今夜から使える心理テクニック 123

女性をモノにしたいときは、口先で口説いてもうまくいかない。このときは、彼女の手を握ってみよう。手を握られる安定感を求める女なら、確実に成功する。

「キミの手を握ったら、ボクのほうが汗かいちゃったよ」

とでもいえば、彼女の立場が救われます。それより、そんなことを口に出さず、一度手を離して、もう一度強く握り返すのです。それは、「ボクもキミが好きだよ」の信号を暗黙のうちに送ったことになるのです。そこで彼女も力を込めれば、もう二人の仲は確定です。

黙って彼女の手を自分の頬にもってきてごらんなさい。

「うわあ、冷たくていい気持ち」

きっとこういうでしょう。

このように、手を握る動作一つでも、ただ単にじっと握っていたのでは、そこから一歩も進みません。常に一歩ずつ前進する動作が必要なのであって、こちらが新しい行為を起こすことにより、彼女にまた新しい動作が加わります。

この新しい動作は、彼女の心の何らかの反映ですから、そこをまた読むのです。これこそ男女の間の醍醐味といっていいでしょう。

□彼女と並んで歩くときにはスローダウンで

職場で課長が、
「○○さーん」
と部下の社員を呼んだとします。そのときサッと席を立っていく女性と、一瞬間を置いて、やおらゆっくり立ち上がる女性とがいるはずです。

どちらがより性的な女性か、という問題があります。ふしぎなことに、テレビや小説における愛情のシーンを見ると、やや鈍重に見えるほうに軍配が上がっていることにお気づきでしょうか？

それを頭で考える女性と腰で考える女性、と分類する学者もいるくらいです。腰が重い女性は本来、農耕民族の出身で、それだけ一生懸命に田や畑を耕します。

■ **今夜から使える心理テクニック 124**

女性の腰は重い。だから、立ったまま口説くのは損だ。椅子でも畳でも、草の上でも座らせれば、その時点で成功間違いない。

男に対しても同じで、一人の男に一生懸命、尽くすわけです。それに対してテキパキ型は、アメリカ式の騎馬民族のタイプといいましょうか、やや浮気っぽく軽い女といってもいいでしょう。

それだけに、フィクションの中でもこの女性は、最後の勝利を得られない設定になっているのです。

別の考え方からすると、腰が充血していれば当然、動きがのろのろします。もちろん職場で充血、興奮しているわけはありませんが、前夜の性的体験が残っていることもありますし、この種の女性は、やや動きがスローペースです。

デートのとき、ゆっくり歩くのは、その意味でも正解です。男のテンポで歩いたのでは、追いつくだけで精一杯で、性的興奮の中に身を委《ゆだ》ねようがありません。

愛撫の仕方でも性急に行うのではなく、すべてにスローダウンするほうが、女性には喜ばれることを覚えておきましょう。

□「ステキだった」の一言が彼女の心を虜《とりこ》にする!

〝あとほめ〟言葉というのを聞いたことがあるでしょうか。

大人は子どもに仕事をやらせるのを怖がり、自分が半分ぐらい手伝ってしまうことがあります。これでは子どもは成長しません。男でも新人の頃は職場で同じような目に遭うものです。もちろん女性も、です。このことは、失敗を怖がっていたのでは、いつまでたっても一人前になれない、という教訓を残します。

ことに女性は社会に出たばかりでは不安いっぱいなだけに、仕事をし終えたあとの〝ほめ言葉〟は、思った以上に重要です。これは何も社会的仕事だけではありません。

キスをしたあと〝よかったよ〟の一言。行為のあとの〝ステキだった〟の一言に、もう彼女はキミを離さないでしょう。

■ 今夜から使える心理テクニック 125

いつも半歩下がる気持ちをもとう。誰にでもその気持ちをもちつづけていれば、女性は初めてその男を信用する。女性が口説かれたい男とは、いつも平等な態度を崩さないタイプだ。だからモテる男は誰にでもモテる。

□彼女に「結婚したい」と思わせる方法

キミが10歳年上の女性と結婚したい、と思っているとします。双方の親はその結婚に反対だ。となると、二人の恋の炎は、ますます激しさを増すことになるでしょう。

人間は、反対の声が大きければ大きいほど、成功に向かって全力をあげるものです。いいかえれば、彼女を燃え立たせる反対があれば、彼女はキミとますます結婚したくなる、という理屈になります。

第三者に、

「あの男は来年から海外に駐在するんだからムリだ」

「まだ嫁に行かない小姑がいるんだから、やめておいたほうがいい」

とか、本人の資質に関わりのない部分のマイナス点を、彼女に吹き込んでもらうのも一法です。彼女の炎は燃えさかることになるでしょう。

ただこれはうまくいくかどうか、わかりません。なぜならシェークスピアの時代のような愛の純粋さを貫こうとする若い男女が、驚くほど少なくなってきたからです。

そんなに反対があるなら〝やーめた〟となりかねません。

□彼女の心が近づいてくる仮眠効果

信頼できない人からの情報でも、しばらくするうちに、

「待てよ、あの情報は本当だったんじゃないかな?」

というように思いがちになる心理効果を「仮眠効果」といいます。

たとえばキミが大した男じゃないとしましょう。その大した男でないキミが、

「実は、キミを愛してしまったんだ。こんなに好きな感情になった

■ 今夜から使える心理テクニック 126

女性は男から愛されたいと思うときは、意外にオープンにしたがる。みんなの前で口説いてみると、思いがけず、OKする。試してみよう。女性の真意がわかる。

のは初めてだ」

といったとしましょう。もちろん彼女は信じはしません。

しかし、ボクシングのボディ・ブローではないが、2週間ほどのうちに、「もしかしたら、あれは彼の本音じゃないかしら。私が側にいてやらなかったら、あの人はダメになっちゃうんじゃないかしら？」と思うようになるそうです。

だから、こんなオレがいったって本気にしやしない、と弱気になる必要はありません。この仮眠効果で、彼女の態度が変わることも、大いにあり得るからです。

□女性は男の第一印象に惚れる

アメリカの実験で、ヒゲのない男性より、ヒゲのある男性のほうが、女性に評価されたというものがあります。

容姿や服装は、第一印象を決める重要なポイントだけに、この初頭効果を利用しなければ損です！

眼鏡ひとつにしても、新しい型が出たら、そちらのほうが見栄えがいいに決まっています。そういうニュースに鈍感で、地味で勤勉一辺倒のキミには、チャンスはなくなるでしょう。

外見でも、ジーンズ姿では医者や学者と見られにくいものです。それはそれで構わなくても、第一印象で〝怪しげな男〟と思われないことが大切です。

相手の外見で一つの型に当てはめてしまうことを、心理学ではステレオタイプといいますが、もしそうなら、第一印象がすべてを決定することになります。たしかにそうなのです。

それだけに、ふだんから女性の視線を惹きつける服装や態度に注意している男性が、勝つことになるのです。

「あんなニヤケた奴のいったいどこがいいんだ！」

といっても、負け犬の遠吠えです。

■ **今夜から使える心理テクニック 127**

劣等感をもっている人は、デートのとき、極力それを見せない工夫をすることだ。太っていれば広い部屋。背が低ければ座れる場所。口下手な男であれば、すてきな音楽の流れるレストラン。

□ほめ言葉が逆効果になるケース

〝女性はほめられると喜ぶ〟という心理は、誰でもよく知っています。しかし、ほめられても、さほど喜ばない女性もいるものなのです。なぜでしょうか？

それは「自我関与」という、自分の関心領域外のものを、ほめられたからなのです。今日は思いきって髪を切った、という日には、彼女の関心はヘアスタイルに集中しているはずです。ところがそのとき、

「きれいな洋服ですね」

とほめられたらどうでしょう。彼女は怒るに違いありません。彼女が重大な価値を見出している事柄に、ポイントを合わせてほめなければ、まったく逆効果です。かえってうまくいかなくなる原因を

つくることになりかねません。

この心理を知れば、彼女に、より注意深く接するようになり、その結果はいうまでもありません。

□会えば会うほど好きになる心理法則

「男女の親密さ＝心理的距離の近さ×接触時間量」という法則があります。どんなに愛し合っていても、会う機会と時間が少なくなれば、夫婦でさえも、破綻《はたん》を迎える可能性があるということです。

つまり「愛は両者の距離が増大すればするほど、着実に驚異的に減少する」というのが「ボサードの法則」と呼ばれるものです。

特に〝女性のほうから愛は壊れる〟というから怖いのです。淋しさは愛情の最大の敵とでもいえそうです。

■今夜から使える心理テクニック 128

「500メートルの恋」を実践しよう。二人の距離が遠くなれば、結ばれる確率は確実に減少するからだ。身のまわりにいる女性を、再度見直そう。

だからこそ、さほど好意をもたれていないキミでも、せっせと通えば彼女はモノになるのです。

□女性は権威に弱いことを知っておく

男だって〝代表取締役社長〟の名刺を出されると、一瞬相手に敬意を払ってしまうのですから、女性だって、

「うちのおやじは会社を3つ経営している」

という言葉を聞けば、ついその男に心を許してしまうものです。それほど人間は〝権威〟に弱いものなのです。この権威を背景に評価することを「後光効果」といいます。

病院で医者が、「さあ服を脱いで」といえば脱ぐものを、キミが同じ言葉をいえば、彼女に張り倒されるに違いありません。

この権威の使い方は、うまく使えば大変な効果を発揮するものだ

けに、遊びに慣れた男たちはよくウソをつくのです。しかしこれは禁止事項です。

ウソをつくことなく、後光効果を利用するとすれば、友だちを動員することです。よく行くバーのおやじを拝み倒して、

「いやあ、この人は信頼できますね」

とか、職場の同僚に、

「外見より中身がいい男ですよ」

といってもらったりすれば、大した後光ではないのに、奇妙に効果を上げるものなのです。

□女性が離れられなくなる男の愛し方

女性に対してだったら、誰にでも男らしくすればいいかというと、そうでもありません。昔から〝目病み女に風邪引き男〟という格言

■今夜から使える心理テクニック 129

女性は誰でも男に征服されたい。だから男の存在が大きいほど、簡単になびいてしまう。課長が平社員より有利なのは、そこだ。だから、彼女が征服されたがるキミになることだ。仕事の優秀さも、性的強さもその一つだ。

があるように、風邪を引いて、くしゃみばかりしている情けない男に同情が集まることもあるのです。

〝この人には、私がいなかったらダメなんだわ〟と思わせたらシメたものです。男女の仲は、のらりくらりしているほうが長つづきするもので、女心がわからない男ほど、性急にコトを運ぼうとして、仕損じるものです。

前でも書いた通り、女から惚れさせる、女心を崩す最高の技術は、焦らすことです。「好きだよ」といっても、なかなか〝愛してる〟とはいわない。キスまではしても、最後まではいかない――こういう男には、女性はだんだん焦らされて、もうどうなってもいいわ、という気持ちになるものです。

勝気な女性は、好きともいわない、別れたいともいわない、そんな男に案外弱いものです。傍から見ると、どうしようもない夫に尽くす世話女房が、このタイプです。

要は女の胸についた火をチョロチョロと燃えつづけさせるのです。

女性はイライラして、〝いじわる‼〟と叫ぶことでしょうが、それだからこそ愛して、別れられないということになるわけです。これこそ男の快楽といえるのではないでしょうか。

□ヒロインである彼女にふさわしい男になる

女性はなぜ突然、機嫌がよくなったり悪くなったりするのか、男にとって不可思議きわまりない動物です。しかし女性とつき合うには、この〝秋の空〟的女心を知っていなければなりません。

食事を楽しく終えて外に出たら、突然無口になってしまった。こういう彼女もいます。映画を観たら、急に不機嫌になる女性もいます。男には何がなんだかよくわからない心境の変化です。

そんなときに口ゲンカとなって別れてしまう、もったいないカップルもいるものです。ではなぜそうなるのか？

■ 今夜から使える心理テクニック 130

女性は小鳥のように、手のひらの中に、そっと捕まえておくぐらいが丁度いい。いつ逃げてもいいようにしておくと、反対に女も小鳥も逃げ出さないものだ。自信がなくて、きつくつかむようでは、どんな女性も口説けない。

ヒロイン願望が十分に満たされないからなのです。

おいしい料理をキミと一緒にする。彼女にとってそれは、ヒロインへの第一歩です。そのとき、キミはヒロインに対して、それにふさわしい態度をとりましたか？

その場に適した話題ができなかったり、高声で笑ったり、あげくの果ては、満員電車で一人で帰らせたり――これでは彼女が幻滅するのも無理はありません。

映画でも、劇中のヒロインになりきっている彼女の隣で、いびきをかいて寝れば、どうなるかはおわかりでしょう。

逆にいえば、彼女をヒロインにする行動を起こせば、女心は、急速にキミに傾くのです。食事の帰りに花を買う、アクセサリーをプレゼントする。あるいはナイトとして彼女を守る歩き方をする――こういう夢を、次から次へと与えつづけていくのです。要は、彼女の〝ヒロイン願望〟を満たすことです。

おわりに――
女性の心が読めないと思わぬところで損をする

この女性の意外な心の動きがわかるでしょうか？

彼女はキミを想っています。

だが、彼女の心が読めないキミには、彼女の切ない想いが伝わってきません。誰にもこうした経験が一度や二度はあるでしょう。

何年かたって、

「あのとき、私の気持ちをわかってくれなかったので、別の人と結婚したのよ……」

と告白されても、そのときでは、もう遅いのです。

みすみす口説けるチャンスを逃してしまうことになります。

そんな愚かな経験をしないためにも、女性心理学の基礎を知っておく必要があるのです。

女性心理学といっても、そう難しいことではありません。むしろ、日常の中の彼女のちょっとした言動や行為に注意を向ければ、それで不可解な女心のナゾが解けるものなのです。

ところが男たちは往々にして、「そんな細かいところをいちいち気にしていたって、女が転がりこんでくるわけじゃない」と思いがちです。

しかし女心は実に細かいものなのです。それを知っている男が勝利者になるのです。

20代の終わりに週刊「女性自身」に配属され、その数年後、編集長になりました。毎週１００万部を越える部数を発行していましたが、それだけの女性たちに向けて、彼女たちの現実や関心に応えてきました。性差心理学を学び、女性の専門家として、女性心理を読み解く書籍を執筆してきました。

いつのまにか、「女の神様」「口説きの神様」といわれるようになりましたが、この本は私が久しぶりに書き下ろした「口説き」の本です。

口説きといえば、女性と遊ぶための本だと思う人がいるかもしれませんが、本書はそうではありません。

「口説き」は女性と遊ぶためのものではなく、女性を理解して、ともに、いい関係を築いていくために大切なことだと思っています。

そう思って、ずっと口説きについて研究し、本も書いてきたわけです。もちろん人生には遊び心も必要です。

でも、それが自分だけのものでは、本当の意味で楽しめないでしょう。

女性がいてこそ、あなたの人生はより輝くものになるでしょう。

その人生の一助になることを願って、ペンを措《お》きます。

櫻井秀勳

著者プロフィール

櫻井秀勲（さくらい・ひでのり）

1931年、東京生まれ。東京外国語大学を卒業後、光文社に入社。文芸誌の編集者として、川端康成、三島由紀夫、松本清張など歴史に名を残す作家と親交をもった。31歳で女性誌「女性自身」の編集長に抜擢され、毎週100万部発行の人気週刊誌に育て上げた。55歳で独立したのを機に、『女がわからないでメシが食えるか』で作家デビュー。以来、『運命は35歳で決まる』『人脈につながるマナーの常識』『人脈につながる話し方の常識』など著作は200冊に及ぶ。

今夜から！ 口説き大王
――彼女にイエスと言わせる心理テクニック

2016年11月1日 初版第1刷発行

著　者 櫻井秀勲
発行者 岡村季子
発行所 きずな出版
東京都新宿区白銀町1-13 〒162-0816
電話 03-3260-0391
振替 00160-2-633551
http://www.kizuna-pub.jp/

ブックデザイン 福田和雄（FUKUDA DESIGN）
編集協力 ウーマンウエーブ
印　刷 モリモト印刷

ISBN978-4-907072-78-0

きずな出版